Franz Krones

Ungarn unter Maria Theresia und Joseph II

1740 - 1790

Franz Krones

Ungarn unter Maria Theresia und Joseph II
1740 - 1790

ISBN/EAN: 9783743328754

Hergestellt in Europa, USA, Kanada, Australien, Japan

Cover: Foto ©ninafisch / pixelio.de

Manufactured and distributed by brebook publishing software
(www.brebook.com)

Franz Krones

Ungarn unter Maria Theresia und Joseph II

UNGARN

unter

Maria Theresia und Joseph II.

1740—1790.

Geschichtliche Studien im Bereiche des inneren Staatslebens

von

Dr. Franz Krones,

Professor an der Universität in Graz.

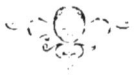

Graz 1871.

Leuschner & Lubensky's k. k. Universitäts-Buchhandlung.

Vorwort.

Der Verfasser hat diesem Büchlein einige Worte als üblichen Geleitsbrief mit auf den Weg zu geben.

Wer es als Sachkundiger durchblättert, wird auf den ersten Blick das Gepräge von Einzelstudien herausfinden; er wird aber auch erkennen, dass es nicht blos der Rahmen der Zeit ist, der diese Einzelstudien zusammenhält, sondern ein leitender Gedanke, der den wechselnden Gehalt der einzelnen Abschnitte durchzieht und organisch verknüpft; er wird auch nicht in Abrede stellen, dass die wichtigsten Momente des innern Staatlebens Ungarns — während der angedeuteten Zeitepoche — ihre Berücksichtigung finden.

Die erste Studie dreht sich um die Geschichte der drei Reichs- oder Landtage unter Maria Theresia [1]) mit besonderer Rücksicht auf den letzten und bedeutsamsten vom J. 1764—6. — Die zweite behandelt die Massregeln der theresianischen und josephinischen Zeit zu Gunsten der deutschen Sprache; sie soll nachweisen, wie sich der Gegensatz beider Reformperioden in der sogenannten politischen Germanisirung Ungarns abspiegelt. — Die dritte Studie stellt sich die Aufgabe, ein lebenswahres Bild Transleithaniens in den Tagen der Reformen Josephs II. und während der Restaurationskrise des Jahres 1790 zu liefern. — Die vierte und letzte wendet sich der kirchlichen Seite des ungarischen Staatslebens zu und stellt in drei zusammenhängenden Abschnitten die confessionellen Zustände Ungarns, vor und nach der Aufhebung des Jesuitenordens, dar. Die Kämpfe des Protestantismus mit der katholischen Hierarchie und Regierungspolitik, machen den Anfang, an sie reiht sich die Geschichte der ruthenischen Unionsfrage und deren Lösung unter Maria Theresia; sodann kommt der Jesuitenorden, seine

---

[1]) Arneth's neuestes Werk: Maria Theresia nach dem Erbfolgekriege 1748—1756, Wien 1870, 570 SS. kam mir erst nach dem Drucke der I. Studie vor Augen. Ich konnte somit die reichhaltigen Aufschlüsse über den Landtag von 1751 (S. 180—221), die venet. Gesandtschaftsberichte s. 1748, die darin auszugsweise, z. B. S. 524 n. 222 ... verzeichnet sind, nicht benützen. Doch konnte mich die Ueberzeugung beruhigen, dass im Wesen der Sache nichts abzuändern wäre, überdies meine Studie vorzugsweise den letzten 1764er Landtag zum Gegenstande hätte, den Arneth's Werk nicht mehr in sein Bereich zieht.

Rolle in Ungarn — vor und nach der Aufhebung — und das Wesentichste der Regierungsmassregeln auf dem Felde des Cultus und Unterrichtes, seit dem Jahre 1773, an die Reihe. — Den Schluss macht die Charakteristik der josephinischen Kirchenreform, des ungarischen Episcopates und das Verhalten der Akatholiken gegenüber dem Toleranzpatente Josephs II., woran sich V. ein Wort zur Verständigung über den „Reformator" knüpft.

Unschwer entdeckt der denkende Leser in dem Mosaik der besprochenen Thatsachen das, was der Verfasser oben als leitenden Grundgedanken des Ganzen angedeutet: Den Kampf zwischen provinzieller Autonomie und monarchischem Centralismus, zwischen dem geschichtlich Hergebrachten und dem, was die Zeit und ihr Kind, die Staatsraison, fordert, den Gegensatz endlich zwischen Kirche und Staat, hierarchischem Privilegium und gemeinbürgerlichem Rechte, zwischen kirchlichem Selfgovernment und staatlicher Allgewalt.

Es gibt keinen Zeitraum der politisch-kirchlichen Geschichte, vor 1848, der sich an Fülle der Thatsachen und fruchtbaren geistigen Strömungen mit den fünfzig Jahren unserer Epoche auf gleiche Linie stellen darf; keinen, der den Anschauungen und brennenden Fragen unserer Zeit so lebendig, so unmittelbar nahesteht.

Zur Geschichte dieser Epoche auch ein Scherflein beizutragen, war dem Verfasser ein Antrieb zur Abfassung dieses Büchleins. Es sollte viel in engem Raume beherbergen; die Worte des Textes sind daher möglichst knapp gehalten, die Anmerkungen und Belege nach Thunlichkeit sparsam gesäet. Der Freund der Geschichte, gleichwie der historische Fachmann, werden so Manches entdecken, was der Beachtung, des weitern Verfolgens werth ist. War es doch dem Verfasser darum zu thun, mit Hilfe gedruckter und handschriftlicher Behelfe, minder breitgetretene Pfade aufzusuchen und die grosse Heerstrasse rasch zu durcheilen.

Liebe zum Stoffe, Streben nach eigenständiger Anschauung, eine möglichst allseitige Kenntniss der Leistungen auf diesem Gebiete, hüben und drüben der Leitha und — was er sich wohl zu Guten halten darf, eine mehrjährige Bekanntschaft mit Ungarns Land und Leuten, brachte der Verfasser zu diesem Versuche mit; ob er — bei allen Mängeln — im Grossen und Ganzen das Rechte getroffen, ob dies Büchlein mehr sei als eine flüchtige Schaumblase im brodelnden Kessel der geschichtlichen Tagesliteratur, — diese Frage kann nicht der Verfasser, — muss der wohlwollende Leser und Kenner beantworten.

Graz, den 1. August 1870.

F. Krones.

I.

Die Reichstage von 1741—1765.

1741—1751. — F. A. Kollár und das Programm der Regierung. — Das Ergebniss und die Lehre des Reichstages von 1764—1765. — Das politische Pamphlet: „Vexatio dat intellectum" („Plackerei gibt Einsicht").

Wer das ungarische Staatsleben seit den Tagen Maria Theresias prüfenden Blickes überschaut, gewahrt unter der ruhigen Oberfläche lebhafte Gegenströmungen. Dass sie nicht obenhinauf Wellen schlugen, war der massvollen Taktik der Regierung und dem persönlichen Einflusse einer Königin zu danken, welche zwei der hervorragendsten Eigenschaften des Weibes, bezaubernde Liebenswürdigkeit und jene Klugheit im reichsten Maasse besass, die den rechten Augenblick zu nützen, die Missverständnisse zu lösen und den Groll zu beschwichtigen weiss. Es ist bekannt, wie ihr diese Eigenschaften über den ersten und schwierigen Reichstag von 1741 hinaushalfen, wie Ungarns Wehrkraft, gewaltiger als man ahnen mochte, für die schöne, vielbedrängte Frau unter Waffen trat [1]. Selbst der Bericht des venetianischen Botschafters Pietro Andrea Capello, eines nüchternen Beobachters ohne alle Voreingenommenheit, erwärmt sich bei der Schilderung der weiblichen Thatkraft, welche die Befürchtungen alter Minister bei Seite schiebt und durch solche Erfolge beschämt, welche gern Einzelnes den nationalen Forderungen bewilligt, um das bedrohte Ganze zu retten [2].

In der That machte damals die Krone den Ständen wichtige Zugeständnisse, und nicht die Begeisterung für die Sache der schönen Königin war es allein, die den Ungarn damals für die Sache der Habsburgerin waffnete. Man bestand auf der Gegenleistung und die Herrscherin handelte ganz der Sachlage gemäss, wenn sie mit der Gewährung

---

[1] Ranke: 9 Bücher preuss. Gesch. 1847-8. II. B. 354 f. Majláth: G. d. M. IV. 1853. S. 1—8. Arneth: Maria Theresia's erste Regierungsjahre 1863—65. I. 256 ff.

[2] Venet. Relationen des 18. Jahrh. her. v. Arneth im XXII. Bde. der fontes rerum austr. h. v. der Wiener Akad. d. W. S. 258 f.

1

des Geforderten nicht zögerte. So wurden z. B. der wichtige Grundsatz, die Steuer hafte nie und nimmer an Grund und Boden, zu Gunsten des Adels erneuert (Art. 8); die neuen Schenkungen dem Einflusse des Kamerale entzogen (Art. 19, 20), die fiscalischen Klagen auf Majestätsbeleidigung dahin geregelt, dass der Name des Angebers dem Vorsitzenden des Gerichtes bekannt gegeben werden müsse (Art. 26); die auswärtigen Besitzer von Gütern in Ungarn zur Zahlung der Taxe für das Indigenat (Reichsbürgerschaft) verhalten (Art. 17) und diese auf das Doppelte, nämlich 2000 Dukaten, erhöht (Art. 41). Endlich hob man auch eine den Ungarn verhasste Einrichtung, die commissio neoaquistica, auf (Art. 21) [1]), nämlich jene Behörde, welche, seit K. Leopold I. errichtet, die besitzrechtlichen Verhältnisse in jenen Gebieten Ungarns zu regeln hatte, die im siegreichen Kampfe der Pforte abgerungen worden.

Zehn Jahre waren seither vergangen, Jahre herber Prüfung für Oesterreich. Ausgekämpft wurde der Erbfolgekrieg. Der Bestand der Habsburgermacht im Grossen und Ganzen zeigt sich gerettet, aber die Rettung mit dem Verluste Schlesiens und einer bedeutenden Schuldenlast des Staates erkauft. Die grosse Armee schien unentbehrlich, und da ihre Erhaltung die empfindlichste Last für den geleerten Kammerschatz war, so musste die Steuerkraft der Völker höher angespannt werden. Dies war der Hauptzweck für die Berufung des Pressburger Landtages auf den 11. April 1751. Drei Wochen früher starb eine der vorzüglichsten Stützen der Regierung, Palatin Pálffy, in dem hohen Alter von 88 Jahren, ein Mann, der das freundschaftliche Vertrauen des Prinzen Eugen von Savoyen im reichsten Masse genoss und den verdienten Ruhm davontrug, Ungarns Frieden nach bewegten Tagen begründet zu haben. Karl VI. schätzte ihn hoch und der venetianische Gesandtschaftsbericht v. J. 1739 bezeichnet als die wahre Ursache seiner Zurücksetzung im Türkenkriege den Umstand, dass er ein „freidenkender und aufrichtiger Mann" war.

In den Regierungsvorlagen, die am 10. Mai zur Sprache kamen, wurde eine Erhöhung der Contribution von 2,500.000 Gulden, wie sie der Reichsrath im Jahre 1719 festgesetzt hatte, auf 3,700.000 Gulden den Ständen an's Herz gelegt. Von der Palatinswahl war darin nichts zu finden; doch ging die Regierung darauf sogleich ein und liess die Namen der Kandidaten herabgelangen. Die Stände wählten den bisherigen Hof-

---

[1]) Corp. Juris Hung. A. v. 1822 II. S. 164—180. G. Kolinovics: Nova Hungariae Periodus anno primo Gynaecocratiae austriavae inchoata . . . . h. v. Kovachich. Ofen 1790. 8" 680 SS. Katona: hist. crit. Hung. XXXIX. Bd. bes. S. 39 ff.

kanzler Ludwig Batthiány zu dem wichtigen Amte und die Regierung hatte keine Ursache, mit dem Manne der Wahl unzufrieden zu sein.

Das Ergebniss des Pressburger Tages entsprach nicht den Erwartungen der Königin, die Anfangs August in Ungarn angelangt war, um durch ihren persönlichen Einfluss die günstige Lösung der schwebenden Fragen zu beschleunigen. Die Antwort der Stände auf die k. Forderungen datirt vom 3. Juni 1751. Die alte, oft vernommene Klage über die „traurigen Leiden des theuern Vaterlandes" steht an ihrer Spitze. Der Türkenkampf, der österreichische Erbfolgekrieg, die Schrecknisse der Pest und anderer Elementarvorfälle seien eine harte Geisel für Ungarn geworden. — Es sei bekannt, wie zur Deckung der dringlichen Bedürfnisse der Krone — ein bedeutender Theil der Kameralgefälle, vom Dreissigsten, vom Bergbaue und von dem Zinse der Montanorte aus dem Reiche geführt werde. Ein ansehnliches Quantum der Einkünfte geistlicher und weltlicher Privatgüter werde von ihren Besitzern im Auslande verzehrt. Ungarn habe Mangel an jedweder Industrie, müsse Tag für Tag grosse Geldsummen auslegen, so dass ihm dann nichts übrig bleibe, als Wein, Getreide, Vieh zu verschleudern; aber auch dazu sei gegenwärtig keine Möglichkeit vorhanden. Die Kaiserin habe vollgenügende Beweise erhalten, wie rasch der Ungar bereit gewesen, Gut und Blut für sie zu opfern; auch jetzt mangle es den Ständen nicht an gutem Willen, das Aeusserste zu leisten, wohl aber am Vermögen dazu. — Dies war im Grossen und Ganzen der Inhalt des ständischen Rescriptes. Die Regierung antwortete darauf den 6. Juni; die Stände hinwieder unterbreiteten fünf Wochen später (16. Juli) neue Beschwerden, als Fortsetzung der früheren. Inzwischen war jedoch die Contributionsangelegenheit Gegenstand lebhafter Unterhandlungen geworden. Am 27. Juni verlangte die Regierung den Mehrbetrag von 700.000 fl. Drei Tage später boten die Stände 500.000 fl. an. Zwei Wochen später bewilligten sie endlich die vollen 700.000 fl., aber die nachträglich votirten 200.000 fl. sollten als Ablösung aller Naturalleistungen und Frohnden gelten. Wohl wurde endlich eine Erhöhung der Contribution (auf 3,200.000 fl.) durchgesetzt, aber eine halbe Million blieb verweigert, und was namentlich an der Ständetafel mit wachsendem Eifer verhandelt wurde, bewies, dass die Masse der Nation im politischen Sinne durchaus nicht für Zugeständnisse eingenommen war, sondern vielmehr ihre Beschwerden zur Sprache bringen wollte und immer wieder auf die Unerschwinglichkeit der zugemutheten Lasten zurückkam. Besonders scharf war die Debatte über die Inartikulirung der vier Städte: Raab, Komorn, Zombor und Th. Neustadt und die Erklärung der Comitate wider diese Mehrung des Stimmrechtes königlicher Freistädte bewies, dass man in dem landesfürstlichen Bürgerthume den verkappten Bundesgenossen der Regierung hasste. Die Schlusssitzung vom 26. August endete damit, dass die Opposition der Regierungspartei in der verdrossensten Weise erklärte, der Hof möge machen, was er wolle, man sei der nutzlosen Einsprachen müde.

Maria Theresia entliess unter dem Eindrucke dieser Vorgänge die Stände mit erregten Worten: Sie habe mehr Vertrauen und Bereitwilligkeit von der geliebten und stets bevorzugten Ungarnnation erwartet . . . . Die Stände mögen mit den Vollzug der Reichstagsbeschlüsse Sorge tragen und sich die frühere königliche Gnade zu erwerben bemüht sein [1]).

Zwischen den beiden Pressburger Tagen von 1741 und 1751 lag eine ziemlich lange Pause. Eine noch längere drängt sich zwischen den zweiten und dritten Pressburger Tag, den letzten, welchen Maria Theresia in Ungarn einberief. Es verstrichen volle dreizehn Jahre, innerhalb deren das Drama des siebenjährigen Krieges sich zu Ende spielte und das System der inneren Verwaltung Oesterreichs einen immer entschiedeneren Anlauf nahm, die Reform „von Staatswegen" auf weltlichem und kirchlichem Felde durchzuführen [2]). Die deutsch-österreichischen Erblande waren ein für die tiefeingreifenden Vorgänge zubereiteter Boden, anders war es in Ungarn, wo das Ständewesen die Fahne der Autonomie emporhielt, wo die privilegirten Classen, Geistlichkeit und Adel, in der Wahrung gemeinsamer Freiheiten fest zusammenhielten, wo der uralte Bau der Comitate trotz aller Risse und Unbequemlichkeiten eine feste Burg abgab, von welcher aus man gegen die Regierung in's Feld rückte und in die man sich wieder der Vertheidigung wegen zurückzog, um neue Waffen zu schmieden. Der Krieg der Opposition in den Gespanschaften gegen die Regierung war ein unablässiger und der passive Widerstand gegen alle unliebsamen Massregeln die altgewohnte Taktik desselben.

Mit richtigem Blicke hat diese Verschiedenheit der deutsch-österreichischen und ungarischen Lande der venetianische Gesandte in Wien, Paolo Renier, als Zeitgenosse gewürdigt und seine Ansichten in der Finalrelation v. J. 1769 mögen hier Platz finden, als die beste Einleitung zu der Geschichte des Jahres 1764:

„Die Kaiserin kann nach ihrer Einsicht die deutsch-österreichischen Erblande verwalten, ohne Widerstand der Bevölkerung befürchten zu müssen; denn diese ist seit Jahrhunderten an Dienstbarkeit gewöhnt und lasse sich despotisch beherrschen (dispoticamente signoreggiare), aber sie

---

[1]) Ueber den Reichstag von 1751 s. Corp. J. H. II. 181—189; Katona hist. crit. Hung. XXXIX. Bd. 388—493. — Horváth: Magyarország története (Gesch. Ungarns) V. bes. S. 180 ff. — A. Wolf: Aus dem Hofleben Maria Theresia's. Nach den Memoiren des Fürsten Josef Khevenhüller. Wien 1858. 8º S. 239—40.
[2]) Das Wesentliche dieser Reformen Deutsch-Oesterreichs in dem Werke A. Wolf's: Oesterreich unter Maria Theresia. Wien 1855. 8º.

kann das Gleiche nicht in Ungarn thun. Ungarn habe sich unter das Haus Habsburg nur unter gewissen Bedingungen begeben und hat stets eifrigst über denselben gewacht. Anfänglich schon, unter seinen angestammten Königen, war es in seiner Wesenheit eher einer Adelsrepublik als einer Monarchie gleichgekommen. Der Adel war in Comitate gegliedert und diese lenkten auf den Reichstagen die Staatsangelegenheiten von Bedeutung. So blieb es auch unter den Herrschern aus dem Hause Oesterreich. Die Kaiserin-Königin kann keine Auflagen verhängen, keine Soldaten ausheben, keine Neuerungen einführen ohne Bewilligung der Stände. In Ungarn gibt es, wie in allen Staaten alten Ursprunges, zwei Parteien, die der Adeligen und die des Volkes. Die Adeligen, welche seit altersher die Herren waren, machten sich Gesetze zu ihrem Besten; daher sind sie diejenigen, welche keinerlei Auflagen zahlen und diejenigen, welche in diesem Staate all' die übrigen Vorrechte und Privilegien geniessen."

„Von diesem Gegensatze in der Geburt und Behandlung stammen die Feinseligkeiten beider Parteien, und der Wiener Hof, gewahrend, nicht alle Beide niederdrücken zu können, um sie thatsächlich zu Unterthanen zu machen, nahm Stellung zwischen Beiden. Ich will nicht sagen, dass er den Aufruhr nähre, aber er sucht kein Mittel ihn zu beheben, entweder weil er dies für sich selbst gefährlich oder unverbesserlich erachtet und glauben mag, aus dem Zerwürfnisse Nutzen zu ziehen."

„Die Kaiserin bezieht von dem Körper der ungarischen Adelschaft keinen Heller, ausgenommen die Gefälle beim Absterben von Adeligen, die keine Söhne und kein Testament hinterlassen (!). Die Bauern sind es, welche an den königlichen Schatz die ihren Gründen auferlegten Abgabslasten und Personalsteuern zahlen."

„Die Kaiserin muss sich, da vom Adel nichts herauszuschlagen ist, mit altersher gesetzlich genehmigten Annaten von den geistlichen Benefizien ihrer Verleihung behelfen. Dies Recht, sich die zweijährigen Einkünfte zuzueignen, bildet eine nennenswerthe Einnahmsquelle. Die Kaiserin versteht aber auch sie zu erweitern, und es glückt ihr damit wie in andern Dingen. Denn die Völker erdulden weit leichter den Verlust ihrer Rechte, sobald ihnen der bezügliche Schlag von dem andern Geschlechte versetzt wird, entweder aus einer gewissen von der Natur eingepflanzten Zuneigung oder weil sich ihrer die Einsicht von der Schwäche des weiblichen Verstandes und darum eine geringere Furcht, thatsächlich die Unterdrückten zu werden, bemächtiget. — Ausser den jährlichen Belastungen, welche die Geistlichkeit an den Staatsschatz abliefert, verhängt die Regentin von Fall zu Fall über diese Körperschaft ausserordentliche Auflagen, unter dem schönklingenden (specioso) Namen von freiwilligen Geschenken (doni gratuiti) und Subsidien, angeblich (sotto il mantello) für die Befestigung der Grenzplätze gegen die Türkei, um das Reich vor den unvorgesehenen Angriffen des Nachbarn zu vertheidigen und damit auch die Religion zu schützen. Dies ist eine Quelle von Einkünften für die Kaiserin-Königin, welche bald dauernd werden wird, denn man nahm sich vor, weiterhin nimmer beim Pabste die bezügliche Ermächtigung anzusuchen" . . . .

„Von den Bergwerken auf Silber und Gold in Siebenbürgen und Ungarn bezieht die Regentin jährlich an zwei Millionen Gulden. Einige behaupten, das Haus Oesterreich zöge aus Ungarn jährlich zehn Millionen. Bei dem Productenreichthum Ungarns wäre es möglich, denn Ungarn nimmt für den Verkauf seiner Producte jährlich an zwölf Millionen ein. Es ist unglaublich, wie sehr dies Reich im Zeitraume von 25 Jahren (1744 — 1769) an Bevölkerung und Cultur zugenommen. Einige Ortschaften, welche schlichte Dörfer waren, wurden volkreiche Städte; es begannen viele Gewerbe zu blühen, die früher nicht existirten" . . . .

„Der Wiener Hof ist nicht mit dem allein zufrieden, sondern er sucht auch, die mächtigsten Familien sich zu befreunden. Er vertheilt an einflusseriche Persönlichkeiten den Orden des goldenen Vliesses, den des h. Stephan, welchen die Kaiserin erneuerte, und den Maria Theresien-Orden. Trotz alledem lassen sich die Ungarn jedoch von den Schmeicheleien nicht fesseln und fürchten immer das Loos der Unterdrückung [1]" . .

Wie sehr man nun auch Ursache hat, Einzelnes in der Erörterung des venetianischen Botschafters zu bemängeln; im Grossen und Ganzen hat er das Richtige getroffen.

Die Regierung war mit dem siebenjährigen Kriege fertig geworden. Eine Schuldenlast von 200 Millionen drückte den Staat und nöthigte zu Finanzoperationen. Gleiches forderte die Erhaltung der Armee und der kostspieligere Staatshaushalt. Unabweisliche Reformen drängten, vor Allem im Bereiche der Steuern, sodann auf dem Boden der Verwaltung der Kirche und Schule. Sie wurden von der Strömung der Zeit getragen und mit dieser musste auch der österreichische Staat vorwärts.

Es ist unleugbare Thatsache, dass Neuerungen im Staaten- und Völkerleben gebahnte Wege brauchen, um durchgreifend zu werden und eine bestimmte Gestaltung zu finden; dass eine Art Zwang auch für das Beste in Scene gesetzt werden muss.

---

[1] S. venet. Relat. her. v. Arneth. (S. o. Note 2.) S. 318 f. Das Wesentlichste daraus hat auch Ilwof im XII. Bändchen der Oesterr. Gesch. für das Volk. Wien 1865. (S. 56—58) verwerthet. Hier wird die ganze Relation über diesen Punkt, unverkürzt und nach dem strengen Wortlaute geboten.

Damals übernahm die Rolle des Wegmachers die Monarchie in ihrer absoluten Form; sie war der Pächter der Reformideen, der Vormund und Schulmeister der Völker, und wer anderer hätte auch damals ihre Rolle übernehmen sollen? Aber gegen Bevormundung und Zwang wehren sich die Völker, gelte es auch das Beste. Allerdings gab es damals noch keine Völker im modernen Sinne, sondern nur privilegirte, lastenfreie, und nicht privilegirte, belastete Stände; Alles, was Geltung im Staate hatte, war hinter verbriefte Vorrechte verschanzt, eine stramme Gliederung lief noch durch die ganze staatliche Gesellschaft, — aber um so hartnäckiger wehrten sich jene Klassen gegen die vom Vortheile des Staates gebotene Reform, sobald sie gegen das Privilegium verstiess und zu Gunsten der Gleichheit vor dem Gesetze, zu Gunsten der Idee einer billigeren Vertheilung der Lasten die Masse des gemeinen Volkes in Schutz nahm; sobald der Staat seine Nivellirungsarbeit im Ständeleben begann.

Der Wiener Hof hatte Ungarn in Bezug seiner Reformpläne in zweite Linie gestellt. Hier sollte nur das Dringlichste eingerichtet werden, und das mit möglichster Wahrung der Verfassungsform. Aber heftiger als man geglaubt hatte, war der Widerstand.

Das bedeutendste Ereigniss in der Geschichte des Reichstages von 1764 bleibt unstreitig das Verhalten der Stände gegen das Buch des k. Rathes F. A. Kollár, Custos der Hofbibliothek, das unter dem Titel „Von den Anfängen und dem immerwährende Gebrauche der gesetzgebenden Gewalt in geistlichen Dingen Seitens der apostolischen Könige Ungarns" [1] — im Frühjahre die Druckerei verliess und in der That ein Regierungsprogramm, im Gewande einer historischen Abhandlung, genannt werden darf.

Einige Worte über den Verfasser sind hier wohl am Platze. Ein Neusohler von Geburt, hatte Kollár seine Studien unter der Leitung der Jesuiten gemacht. In das „tirocinium" der Gesellschaft Jesu trat er im Jahre 1737. Nach drei Jahren philosophischen Studiums lehrte er zu Wien die Grammatica, zu Sz. Miklós in der Liptau, an der Jesuitenschule, die Syntaxis, wie man es damals nannte. Abermals nach Wien übersetzt, verlegte er sich durch zwei Jahre auf orientalische Sprachen; als er dann ein Jahr Theologie gehört, trat er aus dem geistlichen Stande (1748) und gelangte zur wichtigen Stellung eines ersten Custos der Wiener Hofbibliothek.

--- ---

[1] Ueber Kollár vgl. Horányi: Memoria Hungarorum ... II. 409 und Katona hist. crit. Hung. XL. Bd. S. 716—7. Das in Rede stehende Werk führt den lateinischen Titel: De originibus et usu perpetuo potestatis legislatoriae circa sacra apostol. Regum Hungariae. Libellus singularis ... 1764. 8⁰ 174 SS.

Seit dem Jahre 1760 begann seine hervorragende literarische Thätigkeit, von welcher der zeitgenössische Katona, ehemals Ordensgenosse Kollárs, das anzügliche Urtheil fällt: Er sei in der Herausgabe fremder Werke glücklicher gewesen, als in der Erzeugung der eigenen, da er Letztere mit mehr Kühnheit als Solidität ausgestattet, in die Welt zu senden bemüht war. Gehen wir an die Inhaltsanzeige des Buches. Der Text zählt 163 Octavseiten, aber es steckt eine Fülle von Betrachtungen darin, welche einen weit grösseren Raum bequem ausfüllen könnten; und ihr geharnischtes Auftreten imponirt auch demjenigen, welchem die höfische Tendenz des Werkes nicht mundet. Eine scharfe Auffassung paart sich mit Gewandtheit des Ausdruckes, und die gewaltige Erbitterung gegen den Inhalt beweist, dass er die wundesten Flecken der ungarischen Zustände, die er anzugreifen hatte, auch zu finden und zu treffen verstand.

Das Buch selbst lehnte sich an eine frühere Arbeit, nämlich an die „Drei Bücher diplomatischer Geschichte von dem Patronatsrechte der apostolischen Könige Ungarns" (1762.) [1]. Auf diese konnte er sich vielfach berufen.

Das in Rede stehende Buch gliedert sich in 14 Kapitel. Den Anfang macht eine ausführliche Vorrede (S. 1—10), die den Verfasser rechtfertigen soll. Er erwähnt darin die sehr verschiedene Aufnahme und Beurtheilung, die seine frühere Arbeit gefunden. Gerade aber der Beifall der billigdenkenden und sachverständigen Männer habe ihn angefeuert, die vorliegende Schrift und noch andere über Ungarns Staatsrechte in's Werk zu setzen. Er habe allerdings erfahren, dass sein Fleiss in dieser Richtung namentlich jenem Stande missfalle, den zu achten und zu verehren er niemals unterlassen und dessen rechtmässige Gebote er aus ganzer Seele zu befolgen verspreche; aber dies dürfe ihn an der Pflege der gemeinnützigen Wahrheit nicht hindern. Er wolle die uralte Gesetzmässigkeit der königlichen Gewalt in Kirchensachen darthun und gegen alle unberechtigten Angriffe vertheidigen. Der Ausfall gegen die Beschlüsse von Trient, die keineswegs als ungarische Gesetzesnorm anzusehen wären, gibt der Vorrede eine bedeutsame Spitze.

Das erste Capitel bietet eine historisch-juridische Erörterung über das Wesen der königlichen Gewalt in Kirchensachen, an der Hand des Grotius, mit Belegstellen aus den Decreten der h. Könige Ungarns Stephan I., und Ladislaus I. Das zweite Capitel verfolgt den Nachweis, dass sich der Begründer des magyarischen Staatslebens, Stephan I., in dieser Richtung

[1] Historiae diplomaticae iuris patronatus apostolicorum Hungariae regum libri III. 1762. 4º 274 SS.

an den Vorgang der byzantinischen und fränkischen Kaiser gehalten habe. Das dritte und vierte, mit anerkennungswerthem Geschicke
durchgeführt, stellt die bezügliche Gesetzgebung Stephans mit den fränkischen Capitularien und Synodalbeschlüssen, als aus
letzteren abgeleitet, zusammen. Das folgende wendet sich auf's
Feld der Polemik, indem es die Anschauungen des Jesuiten Gretser in
Bezug der geistlichen Gewalt bekämpft [1]).

Wenn in den angezeigten fünf Capiteln die Untersuchungen über Ur-
sprung und Wesen der königlichen Kirchengewalt geschlossen erscheinen,
so setzt sich Kollár mit dem 6. Hauptstücke und den folgenden zur Aufgabe
die „Anwendung" dieses Rechtes in der Zeitenfolge der Geschichte
Ungarns darzuthun. Vom 6. bis 13. Capitel wird dieser Nachweis für die
einzelnen Jahrhunderte; von da bis zum 18. aus dem Inhalte der je-
weiligen Gesetzgebung geführt. Den Schluss bildet das 14. Hauptstück,
worin die sylvestrinische Bulle als unecht oder mindestens sehr ver-
dächtig erklärt wird. So viel über die Gliederung des Buches.

Fassen wir nun aber den reichen Inhalt unter den leitenden Gesichtspunkten zusammen, so finden wir, dass Kollár darin nicht blos die kirchliche Rechtsgewalt der ungarischen Krone einer umfassenden Prüfung unterzieht, sondern den Grundbau der ungarischen Verfassung, die Pflichten
der Stände gegen die Krone und die Lage der unteren Bevölkerungs-
klassen mit staatsmännischem Blicke durchdringt und gerade in diesen
Erörterungen, die mit dem Regierungsprogramme zusammentrafen, liegt
die massgebende Tragweite des Kollár'schen Werkes.

War es schon an sich ein Wagniss, dass Kollár dem ganzen Stoffe
auf dem Wege historischer Kritik an den Leib ging, einer Kritik,
die allerdings von einer bestimmten Tendenz getragen und darum nicht
unbefangen erscheint, so überrascht uns die Kühnheit und Schärfe der
einzelnen Behauptungen.

Der Ungar musste sich sagen lassen, dass seine ältesten Gesetze
eine Nachbildung fremder Muster seien, er musste den Beweis hinnehmen,

---

[1]) Gretser, einer der fruchtbarsten Schriftsteller des Ordens, im 17. Jahrh.
Sein gleichzeitiger Gegner war der Jurist und Historiograph Goldast von
Heiminsfeld. S. Jöcher's Gelehrtenlexikon (1750) II. 1055—8 u. 1173—1175.

[2]) An der Echtheit der sylvestrinischen Bulle kann wohl, nach Jaffé's
Vorgange in den Regesta pontificum Romanorum. Berlin 1851: (z. J. 1000.
S. 346), nicht gezweifelt werden; aber gegen die politischen Consequenzen hat sich
schon seit Gregor VII., besonders unter Bonifaz VIII., Königthum und Volk
Ungarns entschieden ausgesprochen. Vgl. meine Abh. über den Thronkampf der
Premysliden und Anjou's in der Zeitschrift für österr. Gymnasien 1863. S. 639 f;
1865, S. 237 ff. und im Programm des Gräzer Gymnasiums v. 1863.

dass seine Sammlung der Reichsdecrete von Fehlern und Irrthümern wimmle, dass Verböczis Tripartitum, dies Evangelium ungarischen Gewohnheitsrechtes, an bedeutenden Lücken und starken Verstössen gegen das historische Recht kranke. Wie war es aber dem Adel, wie der Geistlichkeit, als bevorrechteten Ständen, als der Nation im politischen Sinne, dabei zu Muthe? Betrachten wir zunächst die Ansichten Kollár's über das geistliche Gewaltrecht der Krone. Es gilt ihm als das höchste Recht. Ihm zufolge darf der Regent die Staatsreligion vorschreiben, er darf andere Glaubensbekenntnisse abschaffen, mit Strafen belegen oder toleriren; er darf in Kirchensachen das vorschreiben, was nicht durch göttliche Satzung schon verordnet ist. Er folgt dabei dem Rechtslehrer Hugo Grotius [1]). Speciell von den ungarischen Königen heisst es weiter: Ungarn ist kein von dem Pabste an K. Stephan I. vergabtes Lehen, denn die berufene sylvestrinische Bulle ist entweder unecht oder doch in der gegenwärtigen Form gefälscht und steht mit der Geschichte im Widerspruch. Die Könige Ungarns geben kirchliche Gesetze aus eigener Vollmacht; nur Unverständige können sie zu „Marionetten" der Geistlichkeit machen wollen. In der Verleihung der geistlichen Nutzgüter oder Temporalien kennen sie keine höhere Instanz. Die geistliche Oberaufsicht, das ius placeti gebührt ihnen mit vollem Rechte. Die geistlichen Beneficien verleihen sie aus eigenster Machtvollkommenheit. Auch die Beschlüsse des Trientiner Concils konnten daran für Ungarn nichts ändern. In Streitigkeiten über Zehendrechte entscheiden sie allein. Der päbstliche Stuhl hat durchaus kein Recht, sich die Bestätigung der von den Königen erlassenen Gesetze in kirchlichen Sachen vorzubehalten. Die von den Päbsten verliehenen Immunitäten der Kirchen und Klöster sind „precär"; sie dürfen den Satzungen der höchsten Gewalt im Staate, den königlichen Verordnungen nicht widerstreiten; denn jene Gewalt als die höchste „duldet keine Genossin". Die in Ungarn alleingiltigen Gesetze in Kirchensachen sind mit königlicher, nicht päbstlicher Autorität, verkündigt worden. So verdankt auch der gregorianische Kalender seine Einführung nicht dem Machtgebote des Pabstes, sondern des damaligen Herrschers K. Rudolph (II.).

Die Könige Ungarns haben ferner das Recht, „jedwede Abgabe", welche der Pabst entweder unter dem Titel der Annaten oder auf andere Weise den geistlichen Personen auferlegt, zu verbieten, ja auch zu hindern, dass die schon bewilligten künftig erhöht werden. Der ungarische Clerus ist altersher zum Kriegsdienste verpflichtet.

---

[1]) Hugo Grotius: de imperio summarum potestatum circa sacra (Ueber das Recht der höchsten Gewalten in kirchlichen Dingen). Paris 1648.

Dieser Verpflichtung hat er auf eine dem Geiste der Zeit entsprechendere Weise, durch Geldhilfe, nachzukommen. Das Widerstreben der Bischöfe gegen Kirchensatzungen der Krone hat keine sistirende Kraft. Erledigte Kirchengüter können von den ungarischen Königen zu andern frommen oder nützlichen Zwecken verwendet werden.

Es war keine blos gelegentliche Bemerkung, wenn Kollár so nachdrücklich die Existenz der Priesterehe in Ungarn während des 11. Jahrhunderts betont, wenn er Ferdinands I. Bemühungen bei der Curie hervorhebt, den Laienkelch und die Priesterehe zugestanden zu erhalten, wenn er angibt, dieser König habe für Ungarn über die tridentinischen Satzungen öffentlich nichts bestimmt. Ebenso berechnet ist die Erzählung, Luther habe der Königswitwe Maria nach der Mohácser Schlacht seine Psalmenübersetzung gewidmet, denn Kollár fügt daran ein ziemlich langes Citat aus Luthers Widmung, worin bekanntlich der Wittenberger Reformator sich über „die gottlosen Bischoue, welche yn Hungern mechtig und fast das meiste drynnen haben sollen" stark auslässt.

Wir haben alle Behauptungen Kollár's über das kirchliche Gewaltrecht der ungarischen Krone in gedrängter Kürze wiedergegeben und uns dabei jeder kritischen Bemerkung enthalten. Uns war nur darum zu thun, den Standpunkt des Verfassers und beziehungsweise des Regierungsprogrammes in der Kirchenfrage darzuthun. Ungleich wichtiger noch erscheint aber das, was Kollár in seinem Werke über das Wesen der ungarischen Reichstage, über die Verpflichtungen der weltlichen Stände, auf dem Wege historischer Untersuchung, zur Sprache bringt, und namentlich das, was er den privilegirten Ständen bezüglich des Looses der nicht privilegirten an's Herz legt. Selbst jene Männer, welche die höfische Tendenz Kollár's in der Kirchenfrage verwerflich finden, müssen gestehen, er habe da herbe Wahrheiten gesagt, gegen die nur das Vorurtheil, der Eigennutz blind sein konnten [1]).

Wenn Kollár behauptet, die Zustimmung der Nation zu den von der königlichen Gewalt gegebenen Gesetzen sei nicht unbedingt nothwendig, und als bis zu den Tagen K. Sigismunds historisch auch nicht nachweisbar — so kann man darüber abweichend urtheilen. Vollkommen zustimmen muss jedoch, wer die gehaltvollen Worte liest, in denen sich Kollár über die Wehrpflicht der Stände in ihrer zeitgemässen Umwandlung, gleichwie über das Loos der Grundunterthanen ergeht. Er knüpft dabei an das alte Institut der Personalinsurrection an und äussert

---

[1]) Dies erkennt auch der magyarische Historiker Horváth an. S. seine Geschichte der Magyaren; deutsche Ausgabe. 1855. II. 418 f. und ausführlich in s. magyarischen Hauptwerke: Magyarorsz. tört. V. Bd. 218 f.

sich folgendermassen mit der bestimmten Absicht, die Unabweisbarkeit einer Reform in allen Verhältnissen darzuthun, die mit der Wehrpflicht der Reichsstände zusammenhängt. Kollár knüpft an das eigene Geständniss der Reichsvertretung an, wonach die Personalinsurrection nicht sonderlich nützlich sei und findet, dass überaus oft Vaterlandsfreunde und Kenner der heimatlichen Dinge und Gesetze zur Sprache brachten, es gebe in Ungarn viele Gewohnheiten, durch deren unselige Beibehaltung das Heil und die Existenz dieses Reiches mehr als einmal an den Rand des Verderbens gebracht worden sei. Es dränge sich dem wackeren Staatsbürger die Erkenntniss auf, was ganz Europa bereits wisse, dass es den Ungarn nicht an Kriegsruhm, nicht an Tapferkeit, Waffen und Mitteln, wohl aber an dem Willen stets gefehlt habe, dem Vaterlande Sicherheit vor dem Feinde zu bereiten.

— — „Wenn nun schon", fährt er fort, „einstens mit Recht bemerkt wurde, das Wesen der Personalinsurrection sei nicht überaus nützlich; warum, mit Verlaub, sollen wir dies gegenwärtig nicht anerkennen, warum nicht die Grundanfänge jenes schlimmsten Uebels aufspüren und Heilmittel dafür bereit halten? Etwa, weil wir hoffen, der dem Adelstande als Ersatzmann dienende bäuerliche, unbeholfene und erst gestern conscribirte Soldat sei für die Zukunft der Vertheidigung des Vaterlandes so wie einst gewachsen? Möge er doch genügen! möge unsere Zeit keiner anderen Vertheidiger bedürfen! Nachdem aber über die Freiheit und das Heil der Staaten nicht mittelst der rohen Kraft, sondern mit Hilfe der Kunst, nicht durch die Masse der Krieger, sondenn im Wege der Schulung in den Waffen das Loos geworfen zu werden beginnt, so kann ich nicht einsehen, welche sichere Hoffnung wir auf den ungeschulten Krieger setzen können, der eben von Sterze und Pflug genommen wurde? Sicherlich keine oder eine äusserst geringe, wenn wir auf die jüngsten Erfolge der Aufstände zurückblicken. Denn was den Türken, unsern Nachbar betrifft, so fürchtet dieser nicht unsere Zahl oder Kraft, sondern unsere Intelligenz, deren wir uns auf solche Weise gerade am wenigsten bedienen wollen, da doch an ihr das Meiste gelegen ist."

„In den Franzosen- und Preussenkriegen haben allerdings die Infanterieregimenter und Reitergeschwader Ungarns, im Kriegshandwerk geschult, unglaubliche Proben ihrer Tapferkeit abgelegt; aber um diese für das Heil und der Würde seiner Krone beständig zu erhalten, sah sich, mit Rücksicht auf das bezügliche Bedürfniss des Staatsschatzes, unser erlauchtes Herrscherhaus in seinem fürsorglichen Wohlwollen gezwungen, schwerere Auflagen dem gemeinen Unterthanen aufzubürden. Die bezügliche Nothwendigkeit dauert bis auf den heutigen Tag, während die Vornehmeren insgesammt die Lasten der nothwendigen Steuern zu tragen sich weigern und hinter dem kostbaren Titel alter Freiheiten verschanzt, den unglückseligen Bauer, dem ausser dem harten und verhassten Dasein beinahe nichts zu eigen bleibt, nöthigen, die mannigfaltigsten Abgaben zu leisten. Und das ist, wie jeder leicht einsieht, die wahrste Ursache, weshalb die gemeinen Unterthanen unserer Krone überall eher als im eigenen Vaterlande leben wollen. Denn, wem, frage ich, kann es gefallen, in einem Reiche zu leben oder eine Familie zu gründen, woselbst die öffentlichen Lasten nicht nach billigem Ausmaasse getragen werden; wo die Mächtigeren sich alle staatlichen Vortheile verschaffen; die Lasten aber, gegen Recht und Billigkeit, gegen die heiligsten Gesetze unseres Reiches, auf den unglücklichen Bauer und das elende Volk wälzen? Denn möge jemand auch mit noch so viel Kühnheit, Scharfsinn oder Kunst die umfassenden Freiheiten des Adelsstandes erklären; niemals wird er den nur mit gewöhnlichem Verstande begabten Menschen beweisen, diese Freiheiten seien zum Nachtheile der von unsern Königen gegebenen Grundgesetze zugestanden worden."

Kollár geht diesfalls auf die Worte Stephans I. an seinen Sohn Emerich, er geht auf die goldene Bulle ein, um zu beweisen, dass die Stände ihren Verpflichtungen gegen die Krone nachkommen müssten. Die Verpflichtungen bezögen sich vornehmlich auf die Art und die Mittel der Wehrpflicht. Jene, die Form des Kriegsdienstes, sei veränderlich, aber das Geld, der Nerv des Krieges und aller Angelegenheiten im Staats- und Privatleben, behaupte seinen bleibenden Werth. — Im Jahre 1602 sei an die Stelle der „Personalinsurrection", zufolge der Einsicht der Stände, die „substituirte Insurrection" getreten. Gegenwärtig sei das stehende Heer eine unabweisbare Nothwendigkeit geworden, und es sei Pflicht der Stände, für das Vaterland ein solches mit ihrem Gelde zu erhalten.

Vor Allem müsste der geistliche Stand zur Uebernahme dieser Last sich verpflichtet fühlen, denn er vor Allen habe die vaterländischen Gesetze zu achten, die Heimat zu lieben und für das wahre Heil der Kirche Sorge zu tragen. Er solle leichter als Andere erregt und gerührt werden von den Gefahren des Reiches und der heiligsten Religion, desgleichen von dem kläglichen Geschrei des hartbedrängten Volkes, das Tag und Nacht bei dem gerechten Gotte in gerechtester Weise sich beschwert, es sei von den vornehmeren Reichsbürgern verlassen, von den öffentlichen Lasten nahezu erdrückt und bei bestem Willen ausser Stande Herd und Hof zu vertheidigen.

So viel über den Inhalt des Kollár'schen Werkes. Mit lauter Entrüstung ward es aufgenommen von Adel und Geistlichkeit. Rüttelte es doch an den Grundfesten der privilegirten Stellung Beider, war es doch ein Vorzeichen drohender Reformstürme. Allerdings überschätzte die Leidenschaft die Folgen dieses Buches, und wenn man erwägt, worauf die Vorlagen der Regierung hinwirken wollten, so beschränkte sich das Ganze hauptsächlich auf eine „Regelung" der Insurrection und anderseits auf eine entsprechende Erhöhung der Kriegssteuer im Betrage von einer Million Gulden.

Aber Weiteres schien im Hintergrunde vorbereitet, und die Regentin, welche, bedeutsam genug, die Pressburger Ständeversammlungen nicht „Reichs-", sondern „Landtage" zu nennen beliebte, schien von Männern geleitet, welche Ungarns Ausnahmsstellung und Autonomie dem absolutistischen Centralismus zu unterordnen riethen.

Kollár's Buch war demnach die Losung zum gewaltigen Lärmschlagen einer geschlossenen Opposition. Buch und Autor sollten einer exemplarischen Züchtigung verfallen und, so war der Sinn ihrer Taktik, die Regierung musste Beide preisgeben, wenn sie in Hinsicht ihrer dringlichsten Forderungen auf ein Entgegenkommen der Stände rechnen wollte. Die Kaiserin bequemte sich in der That das Buch Kollár's zu verbieten [1]), bevor noch die bezügliche Repräsentation der Stände hinaufgelangte. Letztere unterblieb daher auch. Der Verfasser des Buches wurde jedoch, bezeichnend genug, mit einer Güterschenkung für seine vorderhand undankbare Mühewaltung belohnt. —

Gehen wir aber an die Geschichte des Landtages über [2]).

Er war für den 17. Juni ausgeschrieben. Die erste Sitzung begann den 22. Juni. Während der zweiten Session kam es zur Ernennung einer Deputation nach Wien, um die Kaiserin zum Besuche der Ständeversammlung einzuladen. Der Fürsterzbischof von Kalocsa, Joseph Batthiány, stand an ihrer Spitze. Den 26. Juni war die feierliche Ansprache zu Schönbrunn. Vier Tage später begrüsste Primas Barkóczi die Kaiserin an der Grenze des Landes.

Maria Theresia hatte sich in Begleitung ihres kaiserlichen Gemahles, ihres Sohnes, des römischen Königes Joseph, der Erzherzoge und Erzherzoginnen um den 4. Juli auf dem Pressburger Schlosse eingefunden; zwölf Tage nach der Eröffnung des Landtages. Den 5. Juli wurden die

---

[1]) Fessler: Gesch. der Ungarn u. i. Landsassen X. 177 . . . Wolf: Aus dem Hofleben Maria Theresia's S. 243. Khevenhüller's Aeusserung: „Schon die erste Eröffnung des Landtages war schlechter als 1751". Vgl. Horváth a. a. O. V. 211 f.

[2]) Katona hist. crit. Hung. XXXIX. Bd. S. 646—708. Wolf a. a. O. 241 bis 250 über die höfischen Ereignisse und Anschauungen.

Stände auf das Pressburger Schloss berufen und nahmen die Forderungen der Krone entgegen.

Die Ansprache, welche der Reichskanzler Eszterházy bei der Uebernahme der versiegelten Regierungsvorlagen an die Kaiserin hielt, lies die Möglichkeit einer Nichtannahme Seitens der Stände durchschimmern. Denn über ihren Inhalt konnte Eszterházy, der Regierungsmann, nicht im Unklaren sein. Die Kaiserin entwickelte als hoher Gast auf den Herrschaftssitzen der Grafen Pálffy, Batthiány, Eszterházy, in der Umgebung von Pressburg, ihre gewohnte herzgewinnende Freundlichkeit.

Ende Juli reiste sie nach Wien zurück; den 18. August aber war der Hof wieder in Pressburg versammelt, um, zwei Tage später, das Stephans-Ordensfest prunkvoll zu begehen.

Zwei der vorzüglichsten Stützen der Regierung, Georg Fekete und der gegenwärtige Personal, Franz Koller von Nagy-Mánya, wurden bei dieser Gelegenheit mit den Insignien des Ordens geschmückt; ebenso wie der Primas, L. Pálffy, Eszterházy, Forgách, Keglevich und andere Herren von Einfluss. Hierauf begab sich das Kaiserpaar den 31. August nach Ofen, besah hier den königlichen Palast und traf von da über Waizen und Raab nach Pressburg ein. — Es war dies zur Zeit, wo die Stände ihre Repräsentation bereits fertig gebracht.

Wir müssen mit einigen Worten der massgebenden Vorgänge erwähnen, die im Schoose der Ständetafel, insbesondere im Juli, stattgefunden hatten. Waren schon die Regierungsvorlagen von einem vielsagenden Schweigen der Versammlung begrüsst worden, als namentlich die Erhöhung der Contribution und die Regelung des adeligen Aufgebotes daraus an's Ohr schlug, — so erbitterte der Vortrag des königlichen Personals Koller nur noch mehr. Der Adel sollte seine Wehrpflicht in Geld umsetzen. Es war dies ein Hauptpunkt in Kollár's besprochenem Buche, und so erschien Koller als Gesinnungsgenosse und Mitschuldiger des verhassten Autors. — Den 14. Juli, volle neun Tage später, übergaben die Stände ihre Antwort an die Regierung. Sie verlangten längere Bedenkfrist, um vor Allem die eigenen Beschwernisse in reifliche Erwägung zu ziehen, und bewiesen so deutlich genug, dass sie vorläufig das alte Mittel der Verschleppung, gemäss dem Spruche: Zeit gewonnen, Alles gewonnen, in ihrer Taktik zur Geltung bringen wollten.

Am 15. Juli, also den Tag darauf, erschien jedoch die Antwort der Regierung, welche rasche Erledigung der Forderungen gebot und den Beschwerden einen späteren Zeitpunkt vorbehielt. Nichtsdestoweniger liessen die Stände den Hof bis zum 14. September sich auf die Rückantwort gedulden. In der zwischenläufigen Zeit, im August, waren die an anderer Stelle besprochenen Berathungen gegen Kollár's Buch laut geworden. Die Kirche stand da auf Seiten der Stände. Das Werk wurde auf den Index der verbotenen Bücher gesetzt und die Regierung entschloss sich zu gleichem Verbote, um beschwichtigend auf die Stände zu wirken. Allerdings kam man so, wie oben bereits erwähnt, der vorbereiteten Eingabe der Stände um Bestrafung des Autors und seines Werkes zuvor. Aber die Stände liessen sich darum doch nicht im Ablehnen der Regierungsvorlagen beirren, und bereiteten so der sanguinischen Kaiserin die unangenehmste Ueberraschung.

Die Beschwerdeschrift der Stände umfasste nichts weniger als 250 Punkte. Sehr ausführlich waren die Entgegnungen auf die Propositionen der Krone. Sie liefen auf die Unmöglichkeit einer Erhöhung der Contribution hinaus. 1751 sei dem Bauer eine schwere Abgabenbürde aufgelastet worden, wohl nur auf drei Jahre; er habe sie aber volle dreizehn Jahre tragen müssen und sei ausser Stande ein Mehreres zu thun. Fünfmal habe man Geld, Truppen und Lieferungen für den verheerenden Krieg gefordert; keiner der früheren Herrscher habe so viel zugestanden erhalten, als man unter der gegenwärtigen Regierung schon bewilligt und geleistet, und es sei vollkommen billig, wenn man in Erwägung dieser Opfer die Steuererhöhung von 1751 zurücknehme, statt eine neue anzusinnen. Ungarn habe alle Unfälle des Krieges mitgetragen, und der einzige Weg seiner Erholung im Wege des Productenverkehrs sei durch die neue Regelung des Zollwesens an der deutsch-österreichischen Grenze versperrt, denn die Höhe der Zollsätze mache jede Bereicherung des Landes unmöglich. Man könne im Gegentheile behaupten, dass die deutschen Erblande mit ungarischem Gelde ihre Steuern bezahlten. (!)

Es waren dies Erklärungen, welche mit dem Inhalte der landtäglichen Beschwerden v. J. 1751 zusammenstimmen. Eine Regelung der Personalinsurrection bedürfe es gar nicht, denn ohnehin bezahle man schon ein ausgiebiges stehendes Heer und könne überdies auf die immer kriegsbereiten Grenzmilizen verweisen.

Bedürfe es der Personalinsurrection, so werde Ungarn in der aufopferndsten Vertheidigung des Vaterlandes nicht zurückbleiben. Auch sei die Regelung der Kopfzahl der adeligen Aufgebotsmannschaft einerseits unstatthaft, anderseits unräthlich, denn der Feind solle nicht gleich im Vorhinein die kaiserlichen Streitkräfte berechnen können.

Dies die kürzeste Zusammenfassung der ständischen Antwort auf die Regierungsvorlagen. Prüfen wir unbefangen ihren Gehalt, so können wir in den wesentlichsten Gesichtspunkten der Anschauung der Stände nicht beipflichten. Allerdings war der ungarische Bauer schwer belastet, aber weniger durch die Forderungen der Regierung, als durch die Abgaben an die Grundherren selbst und die ungleiche Vertheilung der Contribution. Gerade diese Uebelstände hatte Kollár's richtiger Blick erfasst und seine Feder grell beleuchtet. Die Stände eiferten gegen die Steuer, aber weniger aus reinem Mitleid für den Stand der Grundholden, als aus Rücksicht für deren Leistungsfähigkeit den Grundherren gegenüber. Hätten diese selbstsüchtigen Rücksichten nicht vorgewaltet, so würde sich keine so grosse Opposition gegen die Meinung Einzelner kundgegeben haben, als diese nämlich für ein Eingehen auf die Urbarialreform das Wort ergriffen. — Wenn auch Ungarn die Schwere des siebenjährigen Krieges mitempfand, so konnte es doch von den Gräueln desselben auf eigenem Boden nicht sprechen und die solidarische Mitleidenschaft nicht ablehnen, da es doch auch zu dem österreichischen Reichskörper zählte.

Mit Recht hatte die Regentin im Jahre 1751 den Ständen Ungarns entgegengehalten, dass des Landes eigene Sicherheit auf der des Gesammtstaates ruhe und die Letzterem gewidmeten Opfer ebenso gut dem Ersteren zu Gute kämen. Wie übertrieben lautete dagegen die Behauptung der Stände, „die deutsch-österreichischen Erblande zahlten ihre Steuern mit ungarischem Gelde!"

Das Ablehnen der Reform des adeligen Aufgebotes war ebenfalls nicht glücklich motivirt. Der Regierung konnte, unter den bestehenden Zeitverhältnissen, wie auch bei dem Fortschritte der Kriegskunst, mit der verrotteten Einrichtung ebensowenig, als mit dem angeblichen guten Willen der Stände gedient sein. Die Regierung musste für den Krieg mit brauchbaren und genau bezifferten Factoren rechnen können. Auch dies hatte Kollár's Buch in unanfechtbarer Weise dargethan und an eigene Geständnisse der Reichsvertretung in dieser Hinsicht angeknüpft, Geständnisse, welche die Unzulänglichkeit der Personalinsurrection anerkannten.

Die Regierung blieb auch den Ständen die Antwort nicht schuldig. Am 19. September langte ein Erlass herab, welcher die Verwahrungen der Stände gegen die Forderungen der Regierungsvorlagen zu entkräften bemüht war. Die Kaiserin selbst, über die Haltung der Stände erbittert, hatte in der ersten Aufregung den Landtag auflösen und abreisen wollen. Der Palatin, der Hofkanzler und die einflussreichsten Männer ihrer Umgebung suchten sie von einer solchen Uebereilung abzuhalten. Auch der Kaiser rieth zum Abwarten der Erfolge weiterer Verhandlungen. Der erfahrene Staatsmann Kaunitz ward nach Pressburg gerufen. Die Kaiserin liess sich beschwichtigen und fünf Tage nach der Eingabe der Stände, den 19. September, erschien das Rescript der Regierung, ernst und maassvoll gehalten.

Es rechtfertigte mit Geschick die Forderungen der Krone. So hiess es darin bezüglich der Steuerfrage: „Würden die Stände mit der gleichen gemeinsamen Einsicht die entsprechenden Mittel zur Hebung der Wohlfahrt des steuerpflichtigen Volkes in Anwendung bringen, so zweifle Ihre Majestät keinen Augenblick, dass Letzteres, beim allmäligen Schwinden der unvermeidlichen Kriegslast, künftig im Stande sein würde, auch die gewünschte Steuererhöhung zu tragen." .... Weiterhin erging sich das Rescript in einer Kritik der Unzulänglichkeit der Personalinsurrection und brachte den 65. Artikel eines Decretes K. Mathias II. zur Sprache, wonach man in Friedenszeiten gerade für die Tage des Krieges sorgen solle.

An der Ständetafel begannen nun neuerdings heftige Debatten über die Letzteren, und der Sendbote des Graner Kapitels, Domherr Baizáth, sprach den Ständen aus der Seele, indem er das Verlangen der Regierung in nachstehender Weise bestritt: Man fürchte nicht ohne Grund die Regelung der Insurrection; denn ob sie mit Geld abgelöst werde oder an ihrer Statt eine ständige Miliz gehalten werde, für jeden Fall bedrohe die Stände eine unerträgliche Belastung. Ihre Vorfahren hätten auf jede Weise für den Grundsatz gestritten, wonach die Contribution nicht am Grunde hafte. Würde nun die Insurrection geregelt, so würde die Last nicht nur an der Person, sondern auch an dem Grunde haften.

Da begann die Magnatentafel eine Schwenkung zu Gunsten der Regierung an den Tag zu legen. Sie rieth, von dem Widerstande gegen die Steuererhöhung des J. 1751 abzustehen und der Regierung einen Zuschlag der Contributionssumme einzuräumen. Ueber die Höhe dieses Zuschlages wurde dann wieder bis in's Kleinlichste gestritten. Als jedoch die Kaiserin ihren Unmuth lebhaft äusserte und nach Wien abzureisen beschloss, als die Stände von der Erzürnten kein freundliches Abschiedswort zu hören bekamen, da liessen sie denn endlich in ihrer Sprödigkeit etwas nach und bewilligten, den 23. October, 310.700 Gulden als Steuerzuschlag. Doch sollte die Contribution nur für drei Jahre die Summe von 3,600.000 Gulden erreichen. Von der Regelung der Insurrection wollten sie aber durchaus nichts wissen und die Kaiserin stand endlich von der hoffnungslosen Forderung ab, doch legte sie in ihrer Zuschrift (d. Wien, 8. Nov.) den Ständen die gewissenhafte Berathung des Looses der Unterthanen an's Herz. In dem Schriftenwechsel der Regierung und der Stände, vom 23. Nov. und 15. Dec., ward die Contributions-Angelegenheit endlich abgethan, zur schlechten Erbauung der Kaiserin, die sich höchst unlustig in die Sache fand. Die Stände erhöhten die frühere Contributionssumme um 200.000 fl. und bewilligten auf die prunkvolle Leibgarde 100.000 fl. Die gesammte Steuerquote belief sich somit auf 3,900.000 fl.

Wenden wir nun unsern Blick der inhaltsschwersten Angelegenheit, der Urbarialreform, zu, für welche ein Regierungsmann mit gewichtigen Gründen, mit dem ganzen Nachdrucke seiner Persönlichkeit einstand.

Der eifrigste Verfechter dieser brennenden Frage war Kollár's Gesinnungsgenosse und Vertheidiger, der uns bereits bekannte **königliche Personal, Franz Koller**[1]).

Er vertrat eine gute, eine gerechte Sache, aber er predigte tauben Ohren, und der Adel zeigte alle Lust, den langathmigen Reichstag zu verlassen, um so unliebsamen Dingen auszuweichen. So fiel die Urbarialreform in den Brunnen und die Stände Ungarns begingen dabei einen doppelten Fehler. Im Schatten ihrer Privilegien sprachen sie Hohn den Forderungen der Zeit und des aufgeklärten Billigkeitssinnes. Anderseits gingen sie einer Sache aus dem Wege, die ihrer innersten Natur gemäss vor den Landtag gehörte.

Die Regierung ward so in die Lage versetzt, die Urbarialreform alsbald in eigene Hand zu nehmen und zu dekretiren. Auf ihre Seite stellte sich das Gerechtigkeitsgefühl und brach den Stab über die kurzsichtigen Stände, die immer und immer wieder Gelegenheit nahmen, vor den Schranken des Reichstages über die „unerträgliche Belastung des elenden Volkes" in abgebrauchte Klagen auszubrechen, aber blind sein wollten für das Unrecht, welches sie, die Herren, an den Grundholden übten und Zeter schrieen über das Ansinnen, jene Last im Wege einiger Selbstverleugnung erträglicher zu gestalten. Der Regierung ward so ein Spielraum überlassen, dessen sich die autonome Landesvertretung auf keinen Fall hätte entäussern sollen, man nöthigte sie förmlich in einer Angelegenheit das entscheidende Wort allein zu sprechen, das sie ursprünglich mit den Ständen theilen wollte.

Wenn wir das Ergebniss der langgedehnten Pressburger Verhandlungen prüfen, das Reichsdecret lesen, das den 15. März 1765 zu Wien von der Hand der Königin gezeichnet ward, — so finden wir darin im II. Artikel die Erklärung: so es die U m s t ä n d e erlaubten, sollten die Ständeversammlungen in O f e n abgehalten werden.

Um so bezeichnender ist es, dass Maria Theresia keine weitere einberief, obschon sie noch fünfzehn Jahre herrschte.

Gründlich verbittert durch das Scheitern ihrer Reformpläne, hatte sie, zu Anfang des Jahres 1765, an den Grafen Johann Chotek geschrieben: Dieser Landtag habe sie die Menschen gründlich kennen gelehrt und wenn sie keinen andern Nutzen aus ihm gezogen hätte, dies

---

[1]) Freiherr von Nagy-Mánya. Obergespan von Bars und k. Mundschenk; seit 1764 Personalis regiae praesentiae locumtenens; als solcher der wichtige Vertreter der Regierung bei der Ständetafel. Ein vorzüglicher Geschäftsmann. Die Kaiserin hatte ihn im selben Jahre zum „Chevalier" des St. Stephansordens ausersehen. Vgl. darüber Wolf a. a. O. S. 341.

2*

allein wäre schon Gewinn zu nennen [1]). Fortan decretirte sie durch die Hofkanzlei und erreichte so weit ebener ihre Regierungszwecke.

Wir haben oben der gewaltigen Erbitterung gedacht, welche gegen Kollár's Buch losbrach. Sie gewann nicht nur im ständischen Körper ihren lautesten Ausdruck, sondern bediente sich auch gleicher Waffen. Es machte damals eine anonyme Schrift unter dem bezeichnenden Titel „Vexatio dat intellectum"; „Plackerei verschafft Einsicht" in den Kreisen der aufgeregten Stände ihre Runde. Aus diesem politischen Pamphlete, von gewandter Feder geschrieben, athmet der ganze Groll der privilegirten Stände gegen Kollár's Ideen und die Reformgedanken der Regierung. Ich benützte eine Copie dieser Flugschrift sammt Apologie derselben, aus dem Pester Nationalmuseum (nro. 370 fol. lat.) durch Vermittlung meines Freundes Prof. Dr. Bidermann in Innsbruck. Einen kleinen Aufsatz über diesen Gegenstand, aus engeren Gesichtspunkten, veröffentlichte ich in der Zeitschrift für Gymnasien und Realschulen (Wien 1863. S. 423—5). Später gelangte der Druck zu meiner Kenntniss, der zweisprachig, ohne Nennung der Firma (Wucherer in Wien) in der josephinischen Epoche — nämlich 1785, erschien. Der Doppeltitel lautet: Vexatio dat intellectum. Manuscriptum sub diaeta Regni Hungariae anno 1764 vulgatum et mox XII. Kal. Mart. anno 1765 Posonii in foro publico per manus carnificis combustum, cum omnia illa, quae nunc Regno accidunt in eodem praedicta habeantur, una cum facta super eodem scripto apologia ad perpetuam rei memoriam nunc primis typis excusum. — Vexatio dat intellectum, eine so betitelte Handschrift, welche im Landtag des Königreichs Hungarn im Jahre 1764 ausgestreuet und sodann den 18. Februar anno 1765 auf öffentlichem Platze in Pressburg verbrennet wurde; weil sie Alles dasjenige, was itzt (1765!) diesem Reiche widerfährt, vorausgesagt in sich enthält, sammt der für diese Schrift gemachten Schutzrede itzt zum erstenmal zu Druck befördert. (4° 44 SS.)

Es ist charakteristisch, dass man im Jahre 1785, in den Tagen der entschiedensten Reformen Josephs II., dieses geharnischte Libell durch den Druck in weite Kreise zu schleudern suchte, als Mahnruf für den Magyaren und Deutschungarn.

Folgendes ist ihr wesentlicher Gehalt:

Die Regentin sei von böswilligen Rathgebern umgeben, die in hochverrätherischer Weise das Verderben der ungarischen Nation bezwecken. Sie zu entfernen sei die eigentliche und nächste Aufgabe. Das Gebot der Friedensliebe und das Staatswohl, heisst es weiter, erheischt eine

---

[1]) Das bezügliche Schreiben bei Wolf a. a. O. S. 250.

bessere Gestaltung der diplomatischen Beziehungen nach Aussen. Namentlich sei dies Preussen gegenüber nothwendig. In dieser Richtung möge man guten Willen und Energie aufbieten. — Von dieser Erörterung der politischen Staatsverhältnisse geht der Verfasser auf die schneidige Besprechung der ungarischen Zustände über. Die Statthalterei dürfe nie vergessen, dass sie ihrer ursprünglichen Bestimmung gemäss für das hergebrachte Gesetz und Recht einzutreten habe. Dieses Raisonnement gipfelt in dem Ausspruche: „Unser König solle durch unsere Gesetze gebunden werden, die er allein weder zu geben noch aufzuheben im Stande ist[1]).

Hiemit stellt sich der Verfasser der Vexatio auf einen Standpunkt, der den grellsten Gegensatz zu der Anschauung Kollár's bildet. — Man begreift daher leicht, dass es der Vexatio darum zu thun ist, nicht die Pflichten, sondern die Rechte der Stände zur Geltung zu bringen. Die Integrität des ungarischen Reiches soll hergestellt, und demzufolge Siebenbürgen, Croatien und das Banat seinem Körper einverleibt werden. —

Die Schrift nimmt weiterhin Anlass gegen Kollár, Ritter und Kerchelich zu donnern. Das seien schlimme Rathgeber der Krone, neiderfüllt und wohlvertraut mit dem schlechten Grundsatze: Trenne und du siegst. (Divide et vinces.)

Der nächste Punkt entwickelt den Grundsatz: „Die Ungarn hätten ihrem Könige wohl das Oberaufsichtsrecht über ihre Güter — und dies selbst nur in einer durch die Theilnahme der Stände daran beschränkten Weise, nicht aber das Eigenthumsrecht, oder den unmittelbaren Besitz, (dominium directum) zugestanden". Kollár dagegen nahm das Letztere für die Krone, das blosse Nutzungsrecht (dominium utile) dagegen für die Stände in Anspruch.

Wir wissen ferner, dass die Hauptgedanken Kollár's gegen die Abgabenfreiheit des Adels gerichtet waren und das Heimfallsrecht der Krone im weitesten Umfange betonten. Die Vexatio vertritt daher aufs Entschiedenste die verfassungsmässige Abgabenfreiheit des Adels und erklärt, der König dürfe heimgefallene Güter nicht fiscalisiren, sondern habe sie an verdiente Mitglieder der ungarischen Ständeschaft wieder zu vergeben. Dabei kommt der Art. 15 des Reichsgesetzes vom J. 1608 zur Sprache und der scharfe Ausfall schliesst mit der Klage, „dass die Ungarn in dem von ihren Vorfahren ererbten Reiche Besitzrechte von dem Könige mit Geld zu erkaufen gezwungen würden".

Kollár und die Regierungsvorlagen am Pressburger Ständetage legten dem Adel und der Geistlichkeit die Pflicht an's Herz, den Bedürfnissen der Krone opferwillig entgegen zu kommen. Man verlangte eine

---

[1]) Rex noster ligatur legibus nostris, quas solus nec ferre, nec abolire potest.

Erhöhung der Contribution. Dagegen eifert die Vexatio. Hilfsgelder
(subsidia) dürften nur in den äussersten Nothfällen bewilligt werden und
diese wären nicht vorhanden. — Die Ungarn seien ohnehin gegen die
Krone grossmüthiger und freigebiger gewesen, als die Polen, obgleich die
Grundrechte beider Nationen gleichartig seien und die Polen selbst anerkennen, sie hätten zuerst Gesetze nach ungarischem Muster eingeführt.

Eine Revision des Inaugural-Diploms sei für die Zukunft ein Gebot
der Nothwendigkeit. Es müssten dabei, auf Grundlage älterer Reichssatzungen, die Reservatrechte der Stände in Bezug der Zölle, der Steuern,
des Salzes und des Dreissigst, ferner die Indigenirung der Fremden, in Betracht gezogen und geregelt werden. —

Ohne Zustimmung der Stände sei keine Kriegslast zu tragen und
der Adel durch die Contribution seiner Grundunterthanen vollauf besteuert.
— Der Hofkriegsrath strebe unablässig die Autonomie Ungarns zu unter-
graben. Man müsse daher aus Rücksicht dieser Gefahr auf der alten In-
surrectionsweise fest beharren und könne auf den Einwand — sie sei gegenwärtig ungenügend — mit der Frage antworten, weshalb denn bisher
das grossartige königliche Heer gegen einen früher unbekannten König so
wenig Erfolg, ja Unglück gehabt habe? Den Schluss bildet die Behauptung, ausserhalb des Reichstages könne dem Herrscher gar keine Kriegs-
hilfe bewilligt werden.

Als der ungenannte Verfasser der Vexatio seine Philippika gegen
Kollár und die Regierung losliess, musste er auf das Schicksal der schneidigen Flugschrift gefasst sein. Er schrieb daher die bezeichnenden Worte
als Endglosse nieder [1]: „Ich fürchte nichts, weil ich, als ich dies schrieb,
allein war."

Die Regierung nahm diese Ausfälle nicht ruhig entgegen. Ein Mandat
vom 18. Februar, 1765, ordnete die Verbrennung der Flugschrift durch die
Hand des Henkers unter dem Pranger an [2]).

Ein gleiches Loos traf fünf Jahre später (1770, 27. März) das Buch
des Johann Pécsy u. d. T.: „Fromme Betrachtungen und der ungarische Katechismus". Es war dies offenbar ein neuer Wehruf über die
Regierung. Der Verfasser wurde nach Grä z zur lebenslänglichen Kerkerhaft abgeführt [3]).

---

[1]) Non metuo, quia, dum haec scribebam, solus eram.

[2]) Das Mandat findet sich vollinhaltlich in der von mir benützten Handschrift. Daran schliesst sich eine Apologie der Vexatio in lat. Distichen.

[3]) Notiz in der handschr. Chronik der Franziskaner zu Sztropko. in der
Zempliner Gespanschaft. Das Büchlein selbst kam mir nie zu Gesicht.

II.

Die deutsche Sprache in Ungarn

und die Massregeln Maria Theresia's und Josephs II. — Die Repräsentationen der Comitate. — Zeitgenössische Urtheile.

Die deutsche Sprache führte im Ungarnlande seit Jahrhunderten ein weitverzweigtes Dasein. Durch das ganze Oberland, in Städten und Märkten, hier mehr, dort minder heimisch, in den beiden Vororten des Landes, in Ofen und Pressburg, von altersher sesshaft, wenngleich an vielen Orten durch Magyarisirung und Slavisirung gänzlich oder halb verkümmert [1] — war sie dem Bürger der Hauptstädte, der Industrie- und Handelsplätze geläufig, und hatte auch in den höheren Adelskreisen immer mehr Zugang gefunden, je lebhafter die Aristokratie das Bedürfniss empfand, sich dem deutschen Hofe in Sitte und Ton anzuschmiegen und den geselligen Umgangsformen Cisleithaniens gerecht zu werden.

Die Kaiserin-Königin verstand es mit liebenswürdiger Klugheit den hohen Adel an die Residenz zu fesseln, und im Hause der Magnaten hörte man viel Deutsch, wenig Latein, am seltensten das magyarische Wort.

Insoferne konnte man von der geräuschlosen G e r m a n i s i r u n g des ungarischen Herrenstandes sprechen.

Die Reichs-Edelleute, der Kern der „Nation" im politischen Sinne, blieben dem allerdings fern. Gipfelte doch ihre Lebensphilosophie in dem bekannten gemüthlichen Leibspruche: Extra Hungariam non est vita, et si est vita — non est ita! Ausser Ungarn ist kein Leben, und ist's ein Leben, so ist's kein solches Leben!

Im Allgemeinen lässt sich für die theresianische Epoche die Behauptung aufstellen, dass in der Masse der Magyarennation der Begriff „Volksthum" nur p o l i t i s c h, nicht auch s p r a c h l i c h aufgefasst wurde. Im polyglotten, vielstämmigen Karpatenlande war eben Jeder „Ungar",

---

[1] Ueber diesen Gegenstand versuchte ich in der „Pest-Ofner Zeitung" vom J. 1860 in einer Reihe von Art. u. d. T.: „Der Deutsche im Ungarnlande", desgleichen in der Wochenschrift „Stimmen der Zeit" Leipzig und Heidelberg. 1861: „Oberungarische Briefe" I. II. III. meine Ansichten zu erörtern. Vgl. auch Dr. E. S c h w a b: Land und Leute in Ungarn. Leipzig 1865. I. S. 342—369.

nicht Magyare, Slave, Deutscher, Serbe ... wenn auf sein Volks-, wenn auf sein staatliches Bewusstsein die Rede kam.

Ein Sprachenkampf moderner Art war unmöglich, da ein neutrales Binde- und Verkehrmittel diese bunten Elemente im staatlichen Leben einte, — die lateinische Sprache. War es auch „Küchen-", „Husaren-" Latein, geläufig floss es von den Lippen, und wer nur ein paar Schulen durchlaufen, ob Jesuiten- oder Piaristenzögling, in lutheranischer oder calvinischer Schule gebildet, jeder kam als diák, als „Lateiner", „Studiosus", heraus und rettete sein Schärflein in der Sprache Cicero's, mochte er auch gleich darauf in die Werkstatt oder auf's Ackerfeld den Lebensgang einschlagen. — Ueberdies war das Latein die Sprache der Gelehrten, der Bücher, und schüchtern liess sich das Magyarische dessen Allmacht gefallen. Selbstverständlich konnte auch da das Deutsche mit ihm den Kampf nicht aufnehmen.

Je mehr nun aber die Ideen des einheitlichen, centralisirten Staates die Regierung Maria Theresia's, in ihrem letzten Dritttheile, durchdrangen, desto lebhafter empfand man das Bedürfniss, die Nothwendigkeit der deutschen Sprache für das ämtliche und geschäftliche Leben dem Ungarn an's Herz zu legen; ihm begreiflich zu machen, dass er der Angehörige eines Staates sei, für den das Deutsche als massgebendes Verkehrsmittel zu gelten habe. Man begann mit der Erörterung der materiellen Vortheile, die die Kenntniss des Deutschen dem ungarischen Landsassen gewähre.

Das Hofkanzlei-Decret vom 20. Juni 1774 [1] bemüht sich, nachzuweisen, welche Schäden die Vernachlässigung des Deutschen dem Gemeinwohle Ungarns bereite. „Denn der Unkenntniss des deutschen Idioms sei es vielfach beizumessen, dass in Ungarn weder Gewerbe noch Handel zur Blüthe gedeihen." Der Ungar sei im Gewerbe noch sehr zurückgeblieben und müsse darum Industriegegenstände und Manufacturwaaren „entweder aus den Nachbarprovinzen einführen oder einzelne davon in den grösseren Städten und Handelsplätzen von deutschen Meistern und Industriellen um theuern Preis erstehen." Ungarn und Slaven drängten sich daher nicht sonderlich zu der Handwerkslehre; auch wurden sie von den Meistern nicht gerne aufgenommen und diese pflegten mit Hilfe ausländischer Zunftgenossen ihre Erzeugnisse und Manufacturen zu Stande zu bringen. Es sei ein grosser Schaden für das Reich, dass seine Fülle von Naturerzeugnissen, wegen durchgängigem Mangel der Bewohner an gewerblicher Tüchtigkeit, wegen ihrer krassen Ignoranz und Unerfahrenheit, sich zu Manu-

---

[1] Merkur für Ungarn. Zeitschr. red. von Kovachich 1787. S. 74 f. Katona hist. crit. Hung. XXXIX. 831 f.

facturen nicht verwerthen lässt, ja dass ein Theil ihrer Producte in den entlegeneren Gegenden, wo der Vertrieb sich als schwierig herausstellt, der Vernichtung preisgegeben ist. —

Wenn nun aber das gemeine Volk durch die Rücksicht auf den eigenen Vortheil, von dem Nutzen, ja der Nothwendigkeit der deutschen Sprache überzeugt werden muss, so dürfe diese wohl um so eher dem Adelsstande anempfohlen werden. Dieser solle seinen Geist der Erlernung der deutschen Sprache willig zuwenden, wenn er nicht blos die Vortheile besser berücksichtigen mag, die ihm im gewöhnlichen Leben durch Handel und Wandel mit den Produkten seiner Landwirthschaft erwachsen, sondern vor Allem auch die Ursachen und näheren Umstände reiflicher zu erwägen bedacht ist, welche Veranlassung waren, dass die adelige Jugend in den Staatsämtern Verwendung und Fortkommen nicht suchte oder vernachlässigte. Denn gleichwie nicht geleugnet werden könne, dass es Unterthanen des Reiches von ausgezeichneten Geistesanlagen gäbe, ja oft vorzügliche Talente in Privatverhältnissen verborgen blieben, so müsse man anderseits als die vornehmste Ursache jener unterlassenen Verwendung in Staatsämtern eben die Unkenntniss der deutschen Sprache ansehen. Denn diese sei in allen Ehrenstellen und Würden des Militärwesens ebenso nothwendig als bei den Cameralämtern, wie in der Salzregie, beim Dreissigst und andern königlichen Bestallungen; so zwar, dass Niemand ohne deren Kenntniss im Staatsdienste verwendet werden, seinem Amte musterhaft vorstehen, die Aufgabe desselben pflichtmässig erfüllen, — geschweige denn höhere Beförderungen anstreben könne. Ja selbst bei den Comitatsämtern, in den Verrechnungen mit dem Militär, in Fällen, wo es Ausschreitungen zu begleichen gibt, wo es sich um das Wohl der Steuerpflichtigen handelt; in diesen und andern öffentlichen Angelegenheiten lehre die Erfahrung den übergrossen Nutzen der Erlernung dieses Idioms begreifen.

Wenn sich somit durch gewichtige Gründe die allgemeine Nothwendigkeit und Nutzbarkeit dieser Sprache im öffentlichen und privaten Leben empfehle, so könne es nicht zweifelhaft sein, dass sich die Reichsinsassen und die anderen Anwohner, wenn durch keinen andern Beweggrund, so doch durch die Rücksicht auf den eigenen Vortheil — hiezu geneigter finden liessen.

Wenn dies bei den Bejahrten nicht anzuhoffen wäre, da diese mit den Vorurtheilen ihrer Ahnen erfüllt seien, so könnte es doch wenigstens bei den Jüngern und Heranwachsenden durch vernünftige Erkenntniss und den Eifer der hiezu Berufenen in Gang gebracht werden, auf solche Weise das Ungarnvolk sich allgemach daran gewöhnen und diese Absicht thatsächlich verwirklicht werden. Damit es aber nicht an zweckdienlichen

Hilfsmitteln fehle und man dem Ziele näher komme, einem Ziele, dem auch bisher mittelmässig begüterte Adelige nicht fremd waren, da sie sehr oft ihre Kinder in entlegene Städte, der Studien wegen und auch um der Erlernung der deutschen Sprache willen, mit bedeutenderen Kosten entsendeten, so habe Ihre k. Majestät anzuordnen für gut befunden, dass selbst die für die Seelsorge heranzuziehenden Kleriker in der deutschen Sprache ausgebildet würden. Die bezüglichen Kirchenvorsteher hätten darauf zu sehen, dass in die Seminarien vorzugsweise jene aufgenommen würden, die auch der deutschen Sprache kundig seien, und man die Jünglinge, welche den geistlichen Stand anstreben, zur Lernung der deutschen Sprache ansporne. In den meisten Seminarien selbst solle es durch die Präfecten dahin gebracht werden, dass man neben dem Studium anderer Wissenschaften auch auf die deutsche Sprache Rücksicht nehme. [1].

Eine frühere Verordnung, vom 29. März, bezeichnete unter den Gegenständen, die an den ungarischen Stadtschulen gelehrt werden sollten, auch „Einiges von der Behandlung der deutschen Sprache".

Die Wichtigkeit, welche die Regierung der deutschen Sprachkenntniss beimass, spiegelt sich bereits in einer Bestimmung des Reformstatutes der Tyrnauer Hochschule v. J. 1770. Sie ist den Vorschriften über die Humanitätsstudien einverleibt und lautet folgendermassen: „Da bekanntlich in diesem Reiche dreierlei Sprachen im Gebrauche seien, die ungarische, deutsche, slavische, worunter die deutsche in diesem Reiche überaus nützlich, ja nothwendig, so sollen alle des Deutschen unkundige Jünglinge zu der Erlernung dieses Idioms vom zartesten Alter an allen Ernstes verhalten und darin durch alle Classen eifrig geübt werden, unbeschadet übrigens ihrer Muttersprachen, deren sie in ihrer Heimat insgesammt unausweichlich benöthigen [2]."

Fassen wir den Gedankengang der ersteren Verordnung näher in's Auge, so lässt sich nicht verkennen, dass die Regierung die Bedeutung der deutschen Sprache für die Cultur Ungarns mit Geschick zu entwickeln verstand. Sie vermied einen förmlichen Zwang auszuüben, sie dictirte nicht eine bestimmte Frist an, binnen welcher Ungarn deutsch gelernt haben müsse. Und sie that wohl daran, denn in solchen Dingen ist das Biegen

---

[1] Mit einem Seitenhiebe wider die Aufhebung seines Ordens (1773) äussert sich der zeitgenössische Gelehrte und Historiker, jahrelang Professor an der Tyrnauer Hochschule, Katona, dahin: Damals gab es noch eine leichtere Auswahl an Klerikern, welche die deutsche Sprache redeten. Aber je mehr man sich von den Tagen der Jesuitenaufhebung entfernt, desto spärlicher wird die Zahl solcher Kandidaten. und man schätzt sich glücklich. wenn man Leute aufnehmen kann. die nur Eines Idioms kundig sind. (Katona a. a. O. XXXIX. 836.)

[2] Vgl. Merkur f. Ungarn 1787. I. 61 f. 74 f. 78 f. Katona a. a. O. S. 831.

besser am Platze als das Brechen. Und die Praxis half diesen theoretischen Satzungen thunlichst nach. Der hohe Adel Ungarns ward, wie gesagt, immer mehr an den Wiener Hof der klugen, königlichen Frau gezogen; da germanisirte er sich von selbst. Der Reichsedelmann folgte vielfach dem Beispiele der Magnaten, im Bürgerthume der freien königlichen Städte wog das deutsche Wesen ohnehin vor. Neben dem Lateinischen, der geläufigen Umgangs- und Amtssprache, machte sich immer mehr das Deutsche hörbar. Das Magyarische war noch kein Gegenstand patriotischer und oppositioneller Pflege.

Anders gestaltet sich die Sachlage unter Joseph II. Wer die Verordnungen dieses Herrschers zu Gunsten der deutschen Sprache liest, wird von dem gemischten Gefühle beschlichen, das den ruhigen Beurtheiler stets erfasst, wenn er die hohen Zwecke, das schöne, warme Wollen Josephs II. mit den spröden Massregeln, mit der Hast der Ausführung und den kargen Erfolgen seiner Regierung in Vergleich bringt.

Der kategorische Imperativ, der uns da auf allen Gebieten der Staatsverwaltung entgegentönt, hat keinen reinen Klang. Der Kaiser will das einheitliche Beste des Gesammtreiches, und dieser Wille hat ihn ebenso unsterblich gemacht, als ihn die Grundideen seiner Reformen überlebten. Aber die Verwirklichung dieses Wollens, dieser Ideen wurde von ihm einem vielköpfigen Beamtenheere anvertraut, das durch eine Fluth von Verordnungen für seine Aufgabe geschult und begeistert werden sollte. Der Kaiser agirte allein auf der Bühne der Neuerungen mit dieser complicirten Maschinerie, und die Völker in ihren privilegirten Vertretern waren müssige, halb verduzte, halb grämliche Zuschauer, die jeden Groschen, den sie hereinbrachten als bedeutende Auslage ansahen. Denn sie hätten lieber mitgerathet und mitgethatet.

Der kaiserliche Vormund aber befahl, die Bevormundeten sollten gehorchen ohne Widerrede, und was geschehen sollte, hatte zu geschehen in bestimmter Frist; der Cabinetsbefehl setzt sich über die thatsächlichen Hindernisse hinweg, er verkennt die baare Unmöglichkeit, die der Forderung widerstreitet und übersieht, dass sich die Völker um so zäher gegen die Neuerungen sträuben, je mehr sie das instinctartige Vorgefühl beschleicht, in der Neuerung selbst läge ein unversöhnlicher Widerstreit mit den thatsächlichen Zuständen.

Diese Betrachtungen drängen sich am grellsten auf, wenn man die Verordnungen Josephs II. über die Einführung der deutschen Sprache in Ungarn, ihre Durchführung und Erfolge mustert.

Im J. 1781 galten noch die Grundsätze der Studienordnung vom J. 1777. Man hatte sie in dem genannten Jahre, im April, bestätigt. Da findet sich denn im Abschnitte 102, über den Nutzen der deutschen Sprache, folgende bemerkenswerthe Stelle: „Der Endzweck der niederen lateinischen Schulen ist die Jugend für das weitere Leben anständig vorzubereiten; damit sie einst, auch ausserhalb der Schule, nach der Anleitung guter und für den Bedarf der Gegenwart zweckmässig verfasster Bücher ihren Geist mit ausgedehnten Kenntnissen bereichern und diese zur Förderung ihres bürgerlichen Wohlstandes verwerthen mögen. Dergleichen Bücher sind in der lateinischen und andern im Lande üblichen Sprachen gar wenige, in der deutschen aber nahezu für alle Gegenstände genug vorhanden und leicht zu haben, woraus sich eben ersehen lässt, wie sehr man diese Sprache fördern solle, um sie dereinst im Lande allgemein zu machen." — Aber ein solcher Gesichtspunkt konnte für einen Mann von Josephs Schlage nicht massgebend bleiben [1]). Was hier als gemeinnützig anempfohlen erscheint, zeigt sich bald als unerlässliche Verpflichtung, als Gebot aufgetragen.

Die wesentlichsten Verfügungen in dieser Hinsicht knüpfen sich an das Jahr 1784. — Das Wiener Mandat vom 6. März erklärt die Einführung des Deutschen als Amtssprache, an Stelle des Lateins, binnen dreijähriger Frist, als gebieterische Forderung [2]). — Die Wiener Zeitung druckt alsbald die erläuternde Verordnung ab, der wir in ihrer ganzen Ausführlichkeit in dem Erlasse des k. Statthalterei-Erlasses für Ungarn (ddo. 18. Mai 1784 Pressburg) — begegnen [3]). — Es ist dies ein höchst bedeutsames Actenstück, in den leitenden Gedanken ebenso überzeugend als bestechend, aber in seinen praktischen Verfügungen bedenklich. Die leitenden Gedanken sind in den Vordergrund gestellt; es heisst hier wörtlich:

„Der Gebrauch einer todten Sprache, wie die lateinische ist, in allen Geschäften, zeigt genugsam, dass die Nation noch nicht einen gewissen Grad der Aufklärung erreicht habe, indem er zum schweigenden Zeugnisse dient, dass entweder die Nationalsprache mangelhaft sei oder dass kein anderes Volk in derselben lesen oder schreiben kann und dass einzig und allein diejenigen, welche sich dem Studium der lateinischen Sprache gewidmet haben, im Stande sind, ihre Gesinnungen schriftlich zu äussern; die Nation überhaupt aber in einer Sprache beherrscht wird und Gerichtsentscheidungen erhält, die sie selbst nicht versteht; ein noch klarerer Beweis ist es, dass bei allen aufgeklärten Völkern der Gebrauch

---

[1]) Merkur f. U. 1786. S. 724 f.
[2]) Katona hist. cr. H. XL, 379—80.
[3]) Wiener Zeitung v. 1784. 269 f. Katona 380. Das Ganze der Verordnung ausführlich abgedruckt in der Gesetzsammlung von Kropatschek, Goutta & Pichl. Wien 1787—1836. 94 Bde. Josephs II. Periode. 7. Band. 929—936.

der lateinischen Sprache von den öffentlichen Geschäften verbannt worden ist, indessen er allein noch in Hungarn und dessen angehörigen Reichen, sowie in dem Grossherzogthume Siebenbürgen und in Polen seinen alten Besitz behauptet."

Verweilen wir einen Augenblick bei dem ersten Absatze dieser Verordnung. Es kommen darin unleugbare Thatsachen, Wahrheiten zur Sprache, die nicht bestritten werden können. Aber sie haben einen Beigeschmack von Halbheit. Wer hatte in Ungarn mit dem öffentlichen Leben zu thun? Adel, Geistlichkeit, königliche Freibürgerschaft. In diesen privilegirten Kreisen war das Latein, wenn auch das „huszaronische" oder „culinarische" zu Hause. Der nicht privilegirte gemeine Mann, an seinen Grundherrn gewiesen, erhielt die Entscheidungen, die er auch in seiner Muttersprache in der Regel schwerlich hätte lesen können, aus zweiter Hand seinem Verständnisse zurechtgelegt. Wollte man dem gemeinen Manne in der Verbannung des Lateinischen eine Wohlthat zukommen lassen, so musste er vorerst gebildet und zur unmittelbaren Empfänglichkeit für das Staatsleben in der Sphäre des Gesetzes und Rechtes herangezogen werden, und dies konnte wieder nur möglich sein, wenn Gesetz und Recht in einer Sprache zu ihm redeten, in der er zu denken und zu sprechen von Hause aus gewohnt war.

Entsprach aber das, was der Kaiser der ganzen Nation bot, diesem Bedürfnisse? Hören wir die Verordnung weiter.

„Wenn die hungarische Sprache in dem Königreiche Hungarn und den dazu gehörigen Theilen und in dem Grossfürstenthume Siebenbürgen die allgemeine Landessprache wäre; so könnte man sich zwar derselben bei der Verwaltung öffentlicher Geschäfte bedienen; allein es ist bekannt, dass die deutsche und illirische (slavische) Sprache mit ihren vielfältigen Dialecten, so auch die walachische, ebenfalls so sehr im Gebrauche seien, dass man die hungarische keineswegs für die allgemeine halten könne. Man würde also nicht füglich eine andere Sprache zur Führung der Geschäfte wählen können, als eben die deutsche, deren sich die Regierung bereits sowohl in allen militärischen als politischen Geschäften bedient hat. Wie viele Vortheile aber dem allgemeinen Besten zuwachsen, wenn nur eine einzige Sprache in der ganzen Monarchie gebraucht wird, und wenn in dieser allein die Geschäfte besorgt werden, dass dadurch alle Theile der Monarchie fester unter einander verbunden und die Einwohner durch ein stärkeres Band der Bruderliebe zusammengezogen werden, wird ein jeder leicht einsehen und durch die Beispiele der Franzosen, Engländer und Russen davon hinlänglich überzeugt werden. Und wie nutzbar muss es hauptsächlich für die Ungarn werden, wenn sie ihre Zeit nicht mit der Erlernung so vieler Sprachen, die im Reiche üblich sind, verderben müssen, wenn sie selbst den grösseren Theil des Gebrauches der deutschen Sprache der Monarchie, sowohl zu vaterländischen als zu auswärtigen Geschäften und zu den antretenden Aemtern sich geschickt machen könne." —

Der Gedankengang dieser Erörterung gipfelt in dem Ausspruche des grossen Vortheiles, den der Gebrauch E i n e r Reichssprache gewähre. Von diesem Standpunkte aus begreifen wir das Endziel des Kaisers vollkommen. Ein einheitliches Oesterreich mit Einem Gesetze, Einer Sprache, — welch' glänzende Perspective! Konnte sich aber der Ungar, mit seinem historisch grossgezogenen Separatismus in diesen Gedanken der Reichseinheit finden? Und war es ihm unmöglich, so entbehrte in seinen Augen die Logik Josephs II. der massgebenden Voraussetzung. Dieser Absatz der Verordnung löste sich ihm sodann in Trugschlüsse auf. Und als neutralisirendes Bindemittel des verschiedensprachigen Reiches wollte sich der Magyar, Slave, Rumäne wohl das Latein, nicht aber das Deutsch gefallen lassen.

„Da nun Se. Majestät glauben", heisst es in der Verordnung weiter, „dass eben itzt der Zeitpunkt da sei, wo dieser zur Ehre der Nation und zugleich der ganzen Monarchie gefasste Endzweck eingeführt werden kann, so haben Se. Majestät verordnet, dass

„1. Vom 1. November des laufenden Jahres angefangen, bei der k. hungarisch-siebenbürgischen Hofkanzlei alle Geschäfte, die Prozesssachen ausgenommen, welche durch den Zeitlauf eines Jahres noch lateinisch abgehandelt werden dürfen, nicht anders als in deutscher Sprache behandelt werden, und in eben dieser Sprache alle Expeditionen an die Provinzialdikasterien und an diese Kanzlei geschehen sollen. Doch sind diejenigen, die unmittelbar an die Gespanschaften ergehen, bis zum 1. November 1785 noch in der lateinischen Sprache auszufertigen. Daher werden auch bei dieser Hofkanzlei vom 1. November 1784 an, keine anderen Memorialien, als die in deutscher Sprache abgefasst sind, angenommen werden.

2. Ebenso werden vom 1. November des 1784. Jahres alle Provinzialdikasterien des Königreiches Hungarn und der dazu gehörigen Theile und die im Grossfürstenthume Siebenbürgen alle Geschäfte, die bei ihnen vorfallen, unter sich selbst in deutscher Sprache abhandeln und alle an H. S. (Hof-Stellen) abzulassenden Berichte und Vorstellungen in der nämlichen Sprache abfassen; die Expedizion aber an subalterne Jurisdikzionen können sie noch ein Jahr hindurch lateinisch ausarbeiten und in eben dieser Zeit können sie von diesen eingekommene Berichte in der lateinischen Sprache beilegen und an Se. Maiestät abfertigen.

„3. Vom 1. November 1785 sollen alle Gespanschaften, freie k. Städte, wie auch alle besondere Districte und Stühle alle ihre Geschäfte in deutscher Sprache bearbeiten; und in dieser sollen sowohl die eingeschickten Berichte als alle wechselweise zu führende Korrespondenzen abgefasst sein; so wie es auch der hungarischen-siebenbürgischen Hofkanzlei anbefohlen worden ist, dass sie die Expedizionen, die sie an das k. Gubernium abzulassen hat, bis zum 1. November des 1785. Jahres in lateinischer Sprache, alsdann innerhalb zweien Jahren sowohl als andere Patente kolumnenförmig auf einer Seite lateinisch, auf der andern deutsch abfassen und endlich nach Verfluss dieses Zeitraumes nicht anders als deutsch ausfertigen soll, welches auch die Provinzialdikasterien in ihren an verschiedene Jurisdiktionen des Reichs abzufertigenden Expedizionen beobachtet werden.

4. Nach Verlauf dreier Jahre sollen alle iuristische Dikasterien und Gerichtsstühle die bei ihnen vorfallenden Prozesse in ihren Sitzungen deutsch behandeln und die Advokaten selbst werden ihre Allegazionen in dieser Sprache abzufassen und den Gerichten vorzutragen haben. Doch sind Se. Majestät nicht ungeneigt, diesen Termin nach Befinden der Umstände, die H. S. zu ihrer Zeit vorgestellt werden dürfen, zu verlängern. Die Gesetze werden lateinisch bleiben, weil die Advokaten und Richter ohnehin dieser Sprache, die zu den höheren Wissenschaften gehört, kundig sein müssen.

5. Hienach wird Niemand zu einem Amte, was es immer für eines sei, in Dikasterien, Komitaten, oder bei der Kirche zugelassen werden, wenn er der deutschen Sprache nicht mächtig ist; welches bei den Dikasterien von dem heutigen Datum an, bei den Komitaten innerhalb Jahresfrist, bei geringern aber, sowohl kirchlichen als weltlichen Geschäften, nach drei Jahren ohne Widerrede zu beobachten sein wird. Desswegen wird vom 1. November 1785 jedermann, der die deutsche Sprache nicht versteht, bei Komitaten, auch zur Kandidazion zu allerhand Magistratualgeschäften unfähig sein.

6. Auf den Landtagen selbst wollen Se. Majestät den Gebrauch der deutschen Sprache bei abzuhandelnden Geschäften einführen. Daher soll nach drei Jahren kein Deputirter dahin geschickt werden, der nicht deutsch kann.

7. Es soll ferner vom 1. November 1784 kein Jüngling in die lateinische Schule gelassen werden, der nicht im Stande ist, darzuthun, dass er deutsch lesen und schreiben könne" [1].

---

[1] Das Reformstatut der Universität in Pest-Ofen; Wiener Zeitung 1784, 354 vgl. 251; Katona XL. 400—2 besagt das Gleiche.

Es schien uns nothwendig diesen besondern Vorschriften in ihrem ganzen Umfange wortgetreu und ohne Unterbrechung hier den Raum zu gönnen. — Denn sie enthalten die Wege zur Durchführung des grossen Planes. Je unbefangener man aber den Inhalt derselben mit der ganzen Sachlage und den zu Gebote stehenden Mitteln zusammenhält, desto begreiflicher erscheint die Schwierigkeit der Verwirklichung und der Widerstand, den diese Verordnungen gefunden. In der Frist von ein, zwei bis drei Jahren soll Ungarns behördlicher Organismus von dem Gipfel bis zur Wurzel deutsch amtiren.

Konnte man es auch der Hofkanzlei leicht zumuthen, den Comitaten und den Munizipien gegenüber war die Forderung mehr als gewagt. In Hinsicht des Gerichtswesens fühlte dies die Regierung selbst, daher die eventuelle Fristerstreckung, daher die Beibehaltung der lateinischen Sprache für die Gesetze, was eigentlich einen inneren Widerspruch in sich selbst schloss, zwischen des Rechtslebens Theorie und Praxis. Bedenkt man ferner, dass jedes weltliche und geistliche Amt nach Ablauf eines Jahres Jedwedem verschlossen bleiben sollte, der nicht kundig der deutschen Sprache, — dass für die künftigen Landtage dieses Idiom als massgebendes Wahlerforderniss und alleinberechtigte Verhandlungssprache festgestellt erscheint und zwar binnen der kurzen Frist von drei Jahren; dass endlich binnen Jahr und Tag jedem Jünglinge der Zutritt in die höheren Schulen gesperrt ward, der sich mit der Kenntniss des Deutschen nicht ausweisen konnte, — so musste dies einen bedenklichen Rückschlag auf die Laufbahn der damaligen Generation aller Lebensstufen üben.

Denn wie mit Einem Schlage ward das öffentliche Leben und die Geltung in demselben nur für den deutschen oder deutsch gewordenen Ungarn möglich, und einer Nation, wo jeder, dem es die gegebenen Lebensumstände nicht wehrten — sich in dem öffentlichen Leben zwanglos zu bewegen gewohnt war, erschien eine solche Massregelung als Zwang ohne Gleichen. Und diese Massregelung, von einem Herrscher anberaumt, der, den gleichförmigen Einheitsstaat als hohes Ziel im Auge, sich kühn hinwegsetzte über die gesammten Verfassungsformen und historischen Rechte Ungarns, — also schon deshalb verhasst — bot durch ihr überstürztes Wesen auch dem unbefangenen Auge Angriffspunkte genug. Wozu ein halbes Menschenalter kaum ausreichte, eine umsichtige, durch jahrelange Erfahrung erprobte Schulverfassung den Grund legen musste, wozu Vollstrecker des Regentenwillens nöthig, die jeder Selbstsucht, jedes bureaukratischen Dünkels und Scheines baar, beliebt und geachtet — für die Verwirklichung eines solchen Zieles die Standesgenossen begeistert warben; wozu endlich die durchgreifendste Hebung des gesunkenen deutschen Bürgerthums und neue massenhafte Colonisationen in allen Landestheilen —

wesentliche Behelfe zu bieten hatte, — das Alles sollte wie über Nacht gepflanzt und grossgezogen werden, auf einem Boden voll Hindernisse und misstrauischer Regungen, gepflanzt und grossgezogen werden von einem Beamtenheere, das theils den Schein der Möglichkeit für die sichere Bürgschaft des Erfolges nahm und so sich und den Herrscher durch papierne Berichte täuschte, — theils wieder gleich im Vorhinein an der Möglichkeit verzweifelte, aber reglementmässig den Mund verschloss, statt — wie es ein Joseph stets verlangte, die eigenste Ueberzeugung auszusprechen, — theils endlich den Regenten mit geheuchelter Ergebenheit berückte und insgeheim in's Horn der Opposition blies.

Binnen drei Jahren sollte Ungarn germanisirt werden, denn so und nicht anders fasste der Nationale die Sache auf; er sollte den Ungarn aus- und den Deutschen anziehen; mit dem deutsch sprechen müsse er auch deutsch denken lernen. Dieser gefährlichen Deutung wollte der Kaiser begegnen. Darum schloss die Verordnung mit nachstehenden Worten:

„Dies ist Sr. Majestät festgesetzter und nach reifer Uiberlegung und erfolgter völliger Uiberzeigung, zum Besten und zur Ehre der ungarischen Nation abzielender Entschluss. Se. Majestät haben diesen Rath nicht desswegen entworfen, dass H. S. die Nazionalsprache zu vertilgen gewillt sein, oder dass die verschiedenen im Königreiche Hungarn, und dessen angehörigen Theilen und im Grossfürstenthume Siebenbirgen lebenden Nazionen den Gebrauch ihrer Muttersprache bei Seite legen und eine andere lernen sollten, auch nicht desswegen, dass Se. Majestät damit Ihrer eigenen Bequemlichkeit dienen möchten: sondern bloss dahin zielt diese höchste Verordnung, dass diejenigen, die sich der Führung öffentlicher Geschäfte widmen, sowohl deutsch als lateinisch verstehen und in Handhabung öffentlicher Vorfallenheiten davon Gebrauch machen können. Se. Majestät werden sich demnach auch durch keine Gegenvorstellungen ableiten lassen, diese allerhöchste Verordnung in Ausübung zu setzen.“

Glaubte aber die nationale Opposition an diese Rechtfertigungen? Klangen ihr nicht die Eingangsworte wie Ironie, wie baarer Hohn, besonders, wenn sie mit ihnen die Schlusszeilen zusammenstellte, welche keine Gegenvorstellungen zu Athem kommen liessen? Was Joseph von seinem Standpunkte aus „zum Besten und zur Ehre der ungarischen Nation“ betrieb, erschien der gegnerischen Stimmung — und sie war die massgebende — als Tyrannei, doppelt gefährlich, weil sie dem nationalen Wesen an's Herz greife.

Die „Repräsentationen" der Gespanschaften wider Josephs II. Reformen [1]), vor Allem gegen diese Neuerung, bieten allerdings für den unbefangenen Leser wenig Erbauliches. Die nüchterne Logik der Gedanken muss zumeist breitspurigen Gefühlsergüssen und geschraubten Tiraden weichen und Gemeinplätzen begegnet man in endloser Wiederholung. Aber in dem Wortschwall steckt auch mancher treffende, gesunde Gedanke, und die Entschiedenheit, ja herausfordernde Heftigkeit des Tones macht diese Stimmen des privilegirten Volkes immerhin beachtenswerth.

Die Szabolcser Gespanschaft bestritt die kaiserliche Erklärung, die lateinische Sprache sei eine todte Sprache, mit dem Ausspruche — in Ungarn sei sie eine lebende. Ueberdies begegnen wir darin dem scharfen Ausfalle: Millionen Menschen seien nicht um des Fürsten Willen geschaffen, wohl aber sei dieser durch die Vorsehung an seinen Platz gestellt. — Die Szatmárer bitten, man möge sie nicht „vaterlandsflüchtig, nicht zu Verbannten und Fremdlingen in der Heimat machen, sie nicht an eine unbekannte Sprache fesseln, damit nicht mit der Sprache auch die Sitte und der Geist der Nation sich wandle." Die Tornaer — lassen sich in nachstehende Erörterung ein: „Da weder die Ungarn die Sprachen der europäischen Völker, noch diese die ungarische Sprache pflegten, so hätten die Ungarn, um sich der Nothwendigkeit der Erlernung vieler Idiome zu überheben, die lateinische Sprache erwählt, als die allen gebildeten Nationen gemeinsame. Das deutsche Idiom sei theils wegen der Verschiedenheit seiner Dialecte, — kein gleichförmiges und allgemeines Verkehrsmittel, noch auch ein solches Beförderniss und Werkzeug der allgemeinen oder staatsbürgerlichen Cultur, wie die lateinische Sprache." — Sehr ausführlich handeln die Repräsentationen des Barscher und Zempliner Comitates von diesem Gegenstande. — Das erstgenannte, das die ganze Verfassungsfrage einer breitspurigen Kritik unterzieht — findet in der zwangweisen Einführung der deutschen Sprache einen Bruch der Verfassung, eine Zurückdrängung der Eingebornen von den Staatsämtern, eine Erschütterung der Gesetze und Rechtsverhältnisse, der Wohlfahrt des Landes u. s. w. „Zur Einführung besonderer Gewohnheiten und Gesetze", heisst es unter Anderm, „bedürfe es nicht dreier Jahre, sondern ganzer Menschenalter; die Umwandlung der Sprache aber, der Gewohnheiten der Reichsvölker und der Regierungsform, beanspruche ganze Jahrhunderte. Die lateinische Sprache ist nahezu allen Reichs-

---

[1]) Collectio Repraesentationum et Protocollorum... Partes II. Pesthini 1790 8° I. 302, II. 315 SS. Die wichtigsten Auszüge bei Katona a. a. O. XL. Bd. S. 380--393.

sassen gemein und, da sie die einheimische, willkommener als die deutsche, weil auswärtige. Aber die lateinische Sprache kann auch nicht als todte gelten. Denn da sie die gesetzliche ist, das Gesetz aber ewig und lebendig; so darf sie auch für lebendig angesehen und angenommen werden. Denn wenn die lateinische Sprache zufolge der gnädigen Annahme Sr. Majestät nur von dem gemeinen Volke nicht verstanden wird, so ist dies bezüglich der deutschen nicht nur beim gemeinen Volke, sondern auch bei dem grössten Theile der Nation (populus) der Fall."

Die Zempliner Gespanschaft stellt folgende Betrachtungen an: „Die Gesammtheit des Comitates setzen nicht blos die Beamten, sondern auch die Beisitzer, Grundherren, der Clerus, die ganze Adelschaft und deren Beamte zusammen. Von diesen verstehen die Wenigsten deutsch, und diese Alle müssten sich für die Zukunft von den öffentlichen Bewerbungen zurückziehen. Was soll das für eine Gesammtheit abgeben, die nur aus wenigen deutschen Idioten und Neulingen bestehen wird? — Die Normalschulen sind kaum und nicht einmal vollständig eingeführt. Es ist moralisch (!) unmöglich, dass die deutsche Sprache gewissermassen nun auf einmal in Ungarn geschaffen wird, dass jedes Lebensalter einem so urplötzlichen Umschwunge sich füge, Greise und Männer mittleren Alters, von den Geschäften des Staates und den eigenen in Anspruch genommen, eine fremde Sprache lernen könnten; dass selbst Jünglinge, schon in dem früheren Systeme erzogen, urplötzlich zu tauglichen Subjecten umgeschaffen würden." Nun kommen die Verdienste der Ungarn um den Staat mit starker Emphase zur Sprache. Selbst das schonende Verfahren der Tartaren in Ansehung der Sitte und Sprache des von ihnen unterworfenen Chinesenvolkes, die Einsicht der Nachfolger Tamerlans wird als Muster aufgestellt; die Nation laufe Gefahr, auf diesem Wege ihre ganzen Eigenthümlichkeiten, ihr ganzes Wesen zu begraben. Der Schluss mündet in folgenden schneidigen Ausfall: „Die Deutschen bilden einen kleineren Theil der Monarchie als die übrigen Völker. Die Mehrheit der Monarchie bilden die Ungarn in Ungarn, und mit den Széklern in Siebenbürgen; die Slaven in Böhmen, Mähren, Schlesien, Galizien, Lodomerien, Croatien, Slavonien und Dalmatien; den übrigen Theil die Italiener; schmerzlich ist es daher, dass so viele Nationen dem Dialecte weniger Deutscher (!) sich bequemen müssten — — die Cultur der Nation besteht nicht in der deutschen Sprache, sondern in Wissenschaften und gebildeten Sitten, wie dies das Beispiel anderer Nationen, der Franzosen und Engländer, bezeugt."

Am concretesten hielten sich die Sohler Comitatsgenossen in ihrer Verwahrung gegen die kaiserlichen Verfügungen. Letztere würden das gewünschte Ziel nicht erreichen; denn von 50.000 steuerpflichtigen

3 *

Unterthanen ihres Bezirkes fände man, die Stadt Neusohl ausgenommen, kaum hundert, welche die deutsch zu verkündigenden Mandate verstünden.

So sehen wir die Comitate ganz Feuer und Flamme gegen das kaiserliche Project.

Gerade das, worauf die Magyaren selbst bisher vergessen zu haben schienen, die wissenschaftliche Pflege und literarische Verwerthung der magyarischen Sprache — ward durch die Massregel des Kaisers wie aus einem Zauberschlafe urplötzlich geweckt. Der Kaiser wollte den Magyaren die lateinische Sprache entwinden, nun griffen sie, indem sie mit der einen Hand das geliebte Latein krampfhaft festhielten, mit der andern nach dem eigenen Idiome und stiessen die deutsche hasserfüllt von sich. Denn jetzt galt diese Sprache als Eindringling, als verhasster Träger der Neuerung, des Verfassungsbruches, als unerträgliche Tyrannei, gegen welche trutzig auszuharren nationale Pflicht sei.

Welch' greller Gegensatz zwischen den Tagen Maria Theresias und Josephs II.! Damals das Deutsche wohlgelitten, eingebürgert in den vornehmen Kreisen, jetzt als Feind des nationalen Wesens zurückgewiesen. Es war der Gegensatz in's Praktische übertragen, den wir theoretisch in dem Mandate Maria Theresias und in der Verordnung ihres Sohnes ausgesprochen finden. Dort der Wunsch, hier der kategorische Befehl, dort der Nachweis greifbarer Vortheile als Lockmittel, hier der systematische Zwang, der das schwierigste Opfer von den Ungarn forderte, — Selbstverleugnung des nationalen Wesens zu Gunsten der staatlichen Einheitsidee. Was dort der Zeit, der allmäligen Gewöhnung überlassen blieb und in einer künftigen Generation eben durch die Macht der Gewohnheit und zwanglose Uebung gewissermassen zur zweiten Natur werden sollte, — ward hier im Wege einer überstürzten Berechnung der Gegenwart schon als gebieterische Forderung aufgezwungen.

Das ungarische Latein war ein ungefährlicher Rivale des Deutschen, ein ganz anderer Nebenbuhler erwuchs ihm in dem magyarischen Idiom. Und gerade jene Elemente der ungarländischen Bevölkerung, die von Hause aus Träger und Stützen der deutschen Sprache waren, wichtiger und verlässlicher als papierne Regierungsmassregeln, die königlichen Freistädte, — namentlich Oberungarns, geriethen durch Auflösung ihrer Autonomie zu Gunsten der Comitatsgewalt, auch in diese nationale, den Plänen des Kaisers feindselige Strömung.

Eins aber dürfen wir bei alldem nicht verschweigen. Die Gegenwart ist gewohnt Josephs Reformen um so schärfer zu beurtheilen, je greller ihr Misserfolg uns vor Augen liegt. Sie hat es mit den Plänen eines hochgesinnten Mannes zu thun, dem das Uebermaass seines Wollens deshalb verderblich wurde, weil die Mittel seiner Verwirklichung theils nicht ausreichten, theils von unvorhergesehenen Unfällen anderer Art aufgezehrt erscheinen.

Es gilt allerdings als müssiges Spiel, in der Geschichte mit „wenn" und „aber" zu rechnen, immerhin darf man es doch kühnlich aussprechen, dass ein glücklicher Türkenkrieg die Sachlage in Ungarn in wesentlich anderer Art gestaltet und ein längeres Dasein Josephs ihm Muse vergönnt hätte, seine Anschauung über Regierungsgewalt, Staatswohl, Völkerglück zu läutern, seine Reformideen dem Rahmen des Erreichbaren anzupassen. Und so würde auch die Frage der „Germanisirung" des öffentlichen Lebens Ungarns eine mittlere Lösung erfahren haben. Denn der Erfolg ist ein gewaltiger Meister der Dinge, und die gellenden Stimmen der Opposition wären allgemach verstummt, wenn der Kaiser, mächtig nach Aussen, dieses Gewicht der Macht auch nach Innen hätte wirken lassen können.

Die magyarische Nation, in leidenschaftlicher Erregung auch den wohlthätigsten Neuerungen Josephs abhold, würde aus den voraussichtlich gemilderten Forderungen des Regenten allgemach die Ueberzeugung gewonnen haben, dass es mit der deutschen Amts- und Gesetzessprache nicht auf die Vernichtung des Volksthums abgesehen sei. Denn sehr bezeichnend klingen diesfalls die Worte des Exjesuiten Balogh, Professor am Unghvarer Gymnasium, eines entschiedenen Hassers der josephinischen Reform — der in seinen handschriftlichen Aufzeichnungen zum Jahre 1789 — also unmittelbar vor dem verhängnissvollen Wendepunkte — das Geständniss ablegt: „Derart mächtig wurde die fremde (deutsche) Sprache in den Schulen so gut wie im öffentlichen Leben, dass niemand für geachtet galt, der des Deutschen unkundig." Freilich rechtfertigte das Jahr darauf seinen Schlusssatz: „Allzuviel ist vom Argen. Der allzustraff angespannte Bogen bricht leicht" [1]). — Immerhin entnehmen wir daraus, dass das Sturmgeläute der „Repräsentationen" ausser Stande war, die kaiserlichen Reformpläne zu vereiteln.

Aber lassen wir diese Betrachtungen. Wir haben es nur mit den unabänderlichen Thatsachen zu thun. Die Aufzeichnungen des Unghvárer Gymnasialprotokolles und der handschriftliche Abriss der Ge-

---

[1]) Balogh (Jos.) hdschr. Gesch. des Unghvárer Gymnasiums; benützt durch Vermittlung meines Freundes Prof. Dr. Bidermann. Aehnliches schrieb um 1764 der Patriot Dévay. Horváth M. tört. 6. S. 4. — Ueber das Gesagte wird die III. Abtheilung dieses Büchleins Ausführlicheres bringen.

schichte dieses Gymnasiums von Balogh — mögen uns in thatsächlicher Weise das Schicksal der josephinischen Sprachreform veranschaulichen.

Das Unghvárer Gymnasium war bekanntlich eine Jesuitenstiftung. Im Monat Mai 1773 warf der Blitz das Ordenswappen von der Kirche herab, so berichtet Grynäus [1]) in seinem Manuscript. Fünf Monate später war der Orden aufgehoben.

Mancher mochte da an jenes Ereigniss als bedeutsames Vorzeichen zurückdenken. Die Jesuiten sollten wohl als Lehrer in Verwendung bleiben, mussten aber ausserhalb des Klosters wohnen und durften sich nicht mehr „Väter" (patres) nennen lassen. Das veranlasste den Unghvárer Exjesuiten zu den anzüglichen Versen, die verdeutscht also lauten:

„Väter" waren wir einst, nun will man zu „Herrn" uns machen;
Was die „Väter" gethan, machen die „Herrn" nimmermehr.

Mit scheelem Auge sehen die Ordensgenossen die Aufhebungs- und Schätzungs-Commission lange Wochen sich gütlich thun und zwei Fässer edlen Tokayers leeren. Die Ordensgüter mussten an den Bischof Andreas Bacsinski übergeben werden, der bald den ständigen Sitz in Unghvár nimmt. — Vier Exjesuiten und einige Laienbrüder versahen nunmehr den Unterricht. Die „ratio educationis" von 1776, der neue Studienplan, rüttelte ein bischen an dem Schulwesen Ungarns — also auch hier in diesem fernen Winkel des östlichen Berglandes. Von da bis zum Jahre 1786 änderte sich nichts Wesentliches an dem Horizonte des Unghvárer Gymnasiums; ein Beweis — dass die verhängnissvolle Massregel in Hinsicht der deutschen Sprache, vom Jahre 1784, im ämtlichen Gange weitaus verzögert wurde.

Nun ward in den untersten Gymnasialklassen das Deutsche als Unterrichtssprache eingeführt. Die ihrer unkundigen Lehrer wurden entfernt und durch Protestanten ersetzt, Deutschungarn, somit der geforderten Sprache mächtig. Von förmlichen Concursen stand man bald ab, „theils weil es an befähigten Individuen gebrach, — theils weil Ketzerei athmende Bücher in die Schulen eingeschmuggelt wurden" — schreibt der Exjesuit Balogh. Derselbe, überdies ein Erzmagyare, entsetzte sich nicht wenig, als unter den verschiedenen deutschen Erlässen der Statthalterei auch Einer verlesen wurde, welcher die Erläuterung der christlichen Glaubenslehre aus der Schule verbannt wissen wollte. Ueberdies habe man an Stelle der Anrufung des h. Geistes zu Anfang des Schuljahres ein Gebet gesetzt, „das jedweder Türke habe beten können".

---

[1]) G r y n ä u s hdschr. Vortrag über die Gesch. Unghvárs; benützt durch gleiche Vermittlung.

Jm October des Jahres erschien ein Statthalterei-Decret, das Franz Kazinczy [1]) zum Inspector der Volksschulen des Kaschauer Districtes bestellte, in welchen Unghvár eingereiht war. Wie sonderbar ist's der josephinischen Reform mit diesem Manne ergangen. Derselbe Kazinczy, der deutschgebildete Ungar, welcher sein Volk mit Schiller's Muse zu befreunden strebte und damals als einer der Träger der deutschen Schulreform Josephs II. erscheint, gilt dem Ungarn später als einer der Nährväter des mächtig erwachten nationalen Geistes, als tüchtiger Werkmeister am Erstlingsbaue der neuen Magyaren-Literatur, und die nationale Bewegungspartei stellte z. B. in Kaschau, um's Jahr 1859, seinen Cultus der hundertjährigen Gedenkfeier Schiller's gegenüber.

Das oben erwähnte Statthalterei-Decret verordnete, dass nach Ablauf des Schuljahres 1786/7 kein der deutschen Sprache unkundiger Knabe in die lateinischen Schulen eintreten dürfe; dass ferner auch in den Grammaticalklassen die Vorträge deutsch zu halten seien.

Wer vom 3. October 1786 an, innerhalb dreier Jahre, nicht des Deutschen mächtig sei, solle vom weiteren Besuche der Schulen ausgeschlossen sein, selbst in dem Falle, wenn er bisher die Schulung nur in lateinischer Vortragssprache erhalten hätte.

Eine Ergänzung dieser Vorschriften bildet das weitere Statthalterei-mandat vom Jänner 1787. Ihm zufolge habe in den Humanitätsclassen der deutsche Unterricht erst nach drei Jahren zu beginnen. Im Februar darauf wurde das Latein in den Humanitätsclassen für den „Stylus" und die „Rhetorik" bis auf Weiteres als Vortragssprache in Uebung belassen. Man sieht, wie die thatsächlichen Hindernisse zu theilweisen Zugeständnissen nöthigten. Vom 1. Jänner des nächsten Jahres, 1788, zur Zeit, als Graf Ludwig Török zum Oberschulinspector des Kaschauer Districtes bestellt ward, finden wir das Unghvárer Gymnasialprogramm d e u t s c h geführt.

Die örtlichen Verhältnisse des Unghvárer Gymnasiums, inmitten magyarischer und ruthenischer Bevölkerung gelegen und somit an nichtdeutsche Schuljugend angewiesen, machen es erklärlich, dass zu Anfang 1789 (15. Februar) das Ansuchen gestellt wurde, Se. Majestät möge aus Anlass der mangelnden deutschen Sprachkenntniss der Zöglinge, einige M i l i t ä r k n a b e n hieher versetzen. Es ging eben mit diesem Gymnasium, als sechsclassigen, nicht recht vorwärts, seine Schülerzahl sank auf 68

---

[1]) Unghvárer Gymn. Protokoll. Auszug mitgetheilt von Dr. Bidermann. Ueber Kazinczys epochemachende Bedeutung für die magyarische Sprache und Literatur s. Toldy: Magyar nemz. irod. tört. rövid elöad. (Kurzgef. Gesch. der magyar. National-Literatur.) Pesth 1864—5. S. 194—202. aa. aa. OO.

herab und so kam es bald (1. Sept. 1789) dahin, dass man es zu einem „einfachen" vierclassigen „degradirte" und demzufolge auch den Gehalt der Professoren herabminderte. Es war dies in der That nicht die glücklichste Maxime; eifrige, reformlustige Lehrkräfte waren ohnehin nicht sonderlich vertreten; um so verdrossener mussten sie jetzt werden.

Da erscheint (Wien, 28. Jänner 1790) das R e s t a u r a t i o n s d e c r e t Joseph's II., jene Urkunde [1]), in welcher ein bedeutender Mensch und Herrscher selbst den Stab bricht über den grössten Theil einer angestrengten, herben, opferreichen Lebensarbeit. Alle Neuerungen gibt er Preis, nur das Toleranzdecret, die Reform der Seelsorge und die Aufhebung der bäuerlichen Leibeigenschaft, seine Lieblingsschöpfung, sollten ihn überleben. Am 15. Hornung des Jahres 1790 war der Kaiser eine Leiche.

Ein herbes Gefühl beschleicht uns, wenn wir sehen, wie rücksichtslos die magyarische Restauration zu wirthschaften beginnt. Schon zu Anfang 1790, gleich nach dem Erlasse des Restaurationsdecretes, drohen die Unghvárer Comitatsstände dem Gymnasialdirector mit der „Fiscalaction", also mit einem Staatsprocesse, wofern er nicht von der E r h e b u n g d e s S c h u l g e l d e s und vom G e b r a u c h e d e r d e u t s c h e n U n t e r r i c h t s s p r a c h e abliesse.

Den 8. März war Comitatsversammlung in Unghvár und eine grossartige Demonstration sollte die „neue Zeit" feiern. Die deutschen Verordnungen werden auf einem mächtigen Holzstosse vor der S c h w a b e n g a s s e verbrannt. Die unschuldigen Hausnummern, auch eine verhasste Neuerung Joseph's, müssen herunter und das Loos der Vernichtung erfahren. Man prunkt in gesuchter ungarischer Tracht und verhöhnt die deutsche Kopfbedeckung und Kleidung. Eine Masse deutscher Amtsschriften fällt einem nachträglichen Autodafé zum Opfer. An demselben Tage enthebt, zufolge des Comitatsbeschlusses, der Localschuldirector die Professoren des Gebrauches der deutschen Unterrichtssprache, und weist sie an, die Vorträge entweder lateinisch oder ungarisch zu halten. Ein Monat später (27. April) wird der Gebrauch der deutschen Sprache gesetzlich aufgehoben und die Behebung des Schulgeldes unterbrochen.

Im Herbste des Jahres (11. Sept.) trat die u n g a r i s c h e Sprache überall dort, wo die Mehrheit der Schüler ungarisch — nicht nur in den drei Grammatikal-, sondern auch in den Humanioren als Unterrichtssprache in ihr Recht, an die Stelle der Lateinischen. —

A l l e P r o f e s s o r e n , d i e b i n n e n d r e i J a h r e n n i c h t u n g a r i s c h v o r t r a g e n w ü r d e n , s e i e n z u e n t l a s s e n [2]).

---

[1]) Abgedr. b. Katona XL. S. 685—690.
[2]) Balogh i. a. Mskr.

Man sieht, die Ungarn überflügelten in dieser Art „Massregelung"
den josephinischen Reformeifer. Die zehnjährige Schule der Neuerungen
machte sie für ihren „Hausbrauch" zu gelehrigen Schülern dessen, dem
sie eben so viel Hass als Achtung zollen mussten.

Wir haben Joseph's II. Verfügungen in Hinsicht der deutschen
Sprache einer möglichst unbefangenen Prüfung unterzogen. Wir haben
der schonungslosen Ausfälle gedacht, welche die „Repräsentationen" der
Gespanschaften dagegen hören liessen. Aber auch eine und die andere
zeitgenössischer Anschauungen in dieser Richtung möge hier den Platz
finden. Wir wählen sie absichtlich aus protestantischem Lager, um den
Nachweis zu führen, wie gegensätzlich die Auffassung hier sich ausprägte,
unter Parteigenossen, die keine Ursache hatten, die Aera der josephinischen Neuerungen scheelen Auges zu betrachten.

Ein Protestant, Deutsch-Ungar von Geburt, Namen und Bildung,
Mathias Ráth, evangelischer Prediger in seiner Vaterstadt Raab,
Herausgeber einer „ungarischen Zeitung" in den Jahren 1780—82 [1]),
— fasste den Plan, ein deutsch-ungarisch-lateinisches Wörterbuch zu
veröffentlichen, um so dem unläugbaren Bedürfnisse eines mehrsprachigen
Landes entgegenzukommen. 1787 veröffentlichte er die „Ankündi-
gung" eines solchen Lexicons. „Nie ist wohl eine Ankündigung eines
Wörterbuches erschienen, die so wichtige literarische und statistische
Nachrichten aus einer grossentheils unbekannten Welt enthielt"; —
so lauten die anerkennenden Worte Schlözer's in den gleichzeitigen
„Staatsanzeigen", und wir finden im Jahrgange 1788 [2]) daraus die
wichtigsten Capitel abgedruckt, unter der herausfordernden Ueberschrift:
„Die Ausrottung der ungarischen Sprache".

Schlözer selbst sah sich genöthigt, manche Berichtigung, manches
Bedenken beizufügen; immerhin schlug er den inneren Werth dieses
wohlgemeinten, aber überspannten Schriftchens viel zu hoch an. —
Denn, wenn gleich manche Bemerkungen Ráth's von richtiger Beobachtung,
Scharfsinn und Sachkenntniss zeugen, so sind sie doch mitunter von
Ansichten begleitet, die weit über das richtige Ziel hinausschiessen und
an die alte Thatsache gemahnen, der magyarische Deutsch-Ungar sei
magyarischer als der Magyare selbst. Richtig ist z. B. die Behauptung,

---

[1]) Diese Zeitschrift „Magyar hirmondó" erschien 1780 und bestand bis
1787 zu Pressburg. Im letzteren Jahre ward sie nach Pesth verlegt. Vgl.
Toldy i. a. W. S. 151; 154.

[2]) Schlözer's St. A. Göttingen. Heft 45—48. 1788. S. 340—353.

für den Ungar sei es unter den gegebenen Verhältnissen ungemein schwierig, deutsch zu lernen; — unläugbar die hier vertretene Berechtigung der ungarischen Sprache „Büchersprache" zu werden. Der Satz: „Die Cultur eines Volkes nehme nach dem Maase zu oder ab, nach welchem dessen Muttersprache cultivirt oder vernachlässiget wird" enthält eine der Form oder Theorie nach unbestrittene, wenngleich inhaltlich und praktisch s e h r b e d i n g t e Wahrheit. Auch da hat Roth theilweise Recht, wenn er sagt: „Gelehrsamkeit ist nichts, wenn sie keinen Einfluss auf das gemeine Beste, folglich auf den grössten Haufen hat und dieser kann sie nicht anders haben, als wenn sie in dessen Sprache getrieben wird. Will man jedoch eine allgemeine Sprache der Gelehrten, wenigstens derer in Europa haben, so ist einmal die l a t e i n i s c h e da, dazu geeignet und angenommen". Wir können unserem Gewährsmanne auch bedingt beipflichten, wenn er aus der Erfahrung den Beweis herstellen will, „dass die Cultur einer Nation durch eine fremde, zumal die deutsche Sprache, so gut sie auch immer gelehrt wird und werden mag, durchaus nicht bewirkt werden könne".. und seine Erklärung, für das Allgemeinwerden der deutschen Sprache in Ungarn, sei „augenscheinlich für die jetzige und die nächstfolgende Generation alle Hoffnung vergeblich" ... kann — als im Jahre 1787 abgegeben — für eine ganz richtige Weissagung gelten. — Aber welche U e b e r s p a n n t h e i t e n muss man dabei nicht in Kauf nehmen! So heisst es unter Anderem, die ungarische Nationalität sei in der österreichischen Monarchie eben so stark, wo nicht stärker, als die deutsche. ... Kaiser Joseph hiesse, wenn er nicht Kaiser wäre, mit einem Worte: König von Ungarn ... Seit gar nicht langem hätten die Deutschen ihre Klopstocks. Er aber könne beweisen, dass die Ungarn in ihrer Sprache schon vor 100 Jahren bessere Dichter gehabt, als die Deutschen in der ihrigen vor 40! ...

Stark ist, gelinde gesagt — die Behauptung, dass, seitdem die augsburgischen Confessionsglieder, ungarischer Nationalität, ihrer höheren Schulen an ungarischen Orten beraubt worden, — mögen sie auch deutsch sprechen, predigen und mitunter auswärtige Universitäten besucht haben, in Bezug ihrer Bildung derart verkommen seien, „dass, um ein Prediger unter ihnen zu werden, wie von einem walachischen Popen, kaum etwas mehr verlangt wird, als dass er lesen und schreiben könne". — Dieser, in persönlicher Gereiztheit wurzelnde Ausfall gipfelt in dem Satze: „Wenn nicht bald schickliche Anstalten zu einer Besserung getroffen würden, so könnte es mit der Zeit leicht geschehen, dass unter ihnen, so wie unter jenen (den Popen) Anführer von Diebesbanden sein dürften: wie denn jetzt schon Buben zum Predigtamte unter ihnen ordinirt würden, die eher im Zuchthause bewillkommt zu werden verdienten" (!).

So pamphletartig gestaltet sich der Ton des Ganzen und wir begreifen, dass der Verfasser des „politisch - kirchlichen Manch-Hermäon von den Reformen Kaiser Joseph's vorzüglich in Ungarn" [1]) (1795), — der gewandte und sachkundige Apologet dieses Regenten, bei aller Anerkennung der „Gelehrsamkeit" Ráth's, — ihn einen „hitzigen" Mann nennt und sich wundert, dass ein Schlözer aus dieser Ankündigung eines Wörterbuches Einiges in seine Staatsanzeigen aufnahm „und gerade das, was er am wenigsten hätte aufnehmen sollen".

Der Verfasser des Manch-Hermäon widmet der „Einführung der teutschen Sprache" in Ungarn ein besonderes Capitel und zeigt sich darin als principieller Gegner seines Glaubensgenossen Ráth. Er vertheidigt den Kaiser gegen die „hämische Verläumdung", er habe nach dem Grundsatze gehandelt: „hoc volo, hoc jubeo, stat pro ratione voluntas". — Wie sehr oft, also auch in dieser Angelegenheit, seien die Befehle durch Gründe unterstützt worden. Ueberdies wäre die Hauptabsicht des Kaisers dabei auf die „Simplificirung der Rechtsgeschäfte" hinausgelaufen.

Diesen Gedanken führt der Verfasser des Manch-Hermäon im Einzelnen durch. — Im strengsten Gegensatze zu der oben angeführten Behauptung Ráth's, findet er es vollkommen unrichtig, wenn man sagt: „Ungarn ist Ungarn, wer da lebe, soll ungarisch lernen". Denn die nicht-ungarischen Bewohner dieses Landes überträfen die eigentlichen Ungarn in der Zahl wenigstens dreimal. Sie besässen zum Theile ebenso alte, zum Theile noch ältere Rechte auf die Bürgergerechtsame, überwögen die ursprünglichen Ungarn an Industrie und Geschicklichkeit jeder Art und vielleicht auch im Ganzen an Reichthum. Von besonderem Interesse für uns ist aber die Art und Weise, wie der Verfasser des Manch-Hermäon die Verfügungen des Regenten zu Gunsten der deutschen Sprache rechtfertigt. Er thut dies ohne Frage mit viel Gewandtheit, seine Worte haben nicht selten überzeugende Kraft, aber über die inneren Schwierigkeiten des Ganzen, über die praktische Durchführbarkeit der kaiserlichen Reform, schlüpft unser Gewährsmann

---

[1]) In (Grellmann's) „Statistischen Aufklärungen über wichtige Theile und Gegenstände der österr. Monarchie." Göttingen. 229—459. u. d. T. „Politischkirchl. Manch-Hermäon, von den Reformen K. Josephs, vorzüglich in Ungarn, mit nützlichen Winken zur Richtung der Gesinnungen des Adels, der Geistlichkeit und des Volkes auf den nächst bevorstehenden Reichstag." S. 378—389. „Von der Einführung der deutschen Sprache."

stillschweigend hinweg. — Zunächst besticht seine Apologetik, wir fühlen uns bewogen, auch die Partei des Reformators zu nehmen, aber bei nüchterner Prüfung merken wir doch, dass diese Parteinahme uns nicht hindern dürfe, allen jenen Bedenken Raum zu geben, die in der Sachlage ihren Grund haben und durch jene Apologie nicht behoben werden. Der Verfasser beleuchtet das Unzweckmässige der früheren Weitläufigkeiten, wonach man seitens des Hofes die Befehle deutsch erliess, die Hofkanzlei dieselben in's Lateinische übersetzte, sodann der Statthalterei und letztere den Comitaten zusandte. Bei der Mischung der ungarländischen Nationalitäten habe man diese lateinischen Verordnungen bald in die eine, bald in mehrere dieser Sprachen übersetzen müssen. — Die Verkürzung des Geschäftsganges sei dem Kaiser am Herzen gelegen. Desshalb gab er seine Befehle deutsch. „Teutsch schickte sie die Hofkanzlei an den Statthaltereirath; teutsch wurden sie den Vorgespänen von den Vorstehern der Gespanschaften zugeschickt, teutsch wurden sie circulirt in den Dorfschaften und damit sie solche verstehen möchten, wurde der Befehl gegeben, dass in jedem oder in mehreren, nahe bei einanderliegenden Dörfern, ein geschworner, besoldeter, der teutschen Sprache kundiger Notarius angestellt würde, welcher die ankommenden Verordnungen vorlesen, erklären und im Protokoll eintragen sollten. Diese ganze Einrichtung war gewiss sehr heilsam. Sie gefiel der Bauerschaft besonders, weil sie doch nun einmal in ihrem Dorfprotokoll schwarz auf weiss lesen oder sich lesen lassen konnte, was der Wille ihres Regenten sei".

„Nicht in der Liebe zur ungarischen Sprache, sondern in diesem Accidenz, in dieser, freilich immer sehr elenden, aber doch folgenreichen, Controle der Dorf-Notarien oder Dorf-Protokolle in Ansehung der Grundherrschaften, finde ich zum Theile die Ursache, warum man gegen die teutsche Sprache, die Currentirung der Befehle, die Improtocollation derselben in die Dorfbücher schrie und lärmte".

„Man schrie und lärmte dagegen sowohl von Seiten der Katholiken als der Protestanten. Aber von Seiten der Ersteren mehr als von der Seite der Letzteren"....

„Kleinigkeiten aller Art (zu welchen auch die Einführung einer Curialsprache gehört, denn das ist wohl nichts Wesentliches) sind den Protestanten wahrhaftig sehr gleichgiltig. Zu diesen gleichgiltigen Sachen und Kleinigkeiten gehört ihrem Urtheile nach die Einführung der teutschen Sprache um desto mehr, weil sie die Entstehung ihres Religionsbegriffes, neben der Bibel, teutschen Männern, teutschen Büchern (grösstentheils) verdanken, die besten, besonders die hohen Schulen in teutschen Städten haben, und daher mit Männern und Subjecten, denen die teutsche Sprache

„bekannt ist, schon itzt ziemlich versehen sind und in der Zukunft noch besser versehen werden können".

So lernten wir zwei zeitgenössische Stimmen aus protestantischem, also aus Einem Lager, kennen, die ein grundverschiedenes Urtheil über eine der wichtigsten Massregeln Joseph's fällen. Meist kreuzten sich leider blinder Tadel mit kurzsichtigem Lobe und die Leidenschaft des Hasses gegen die Neuerungen des Kaisers behielt im ungarischen Staatsleben jedes billigere Urtheil nieder. Das „Kreuziget ihn"! erscholl von allen Seiten und eine nüchterne, wohlwollende Auffassung glich in der That der Stimme des Rufenden in der Wüste.

Und doch begegnen wir einer solchen, wie der folgende Abschnitt unseres Büchleins beweisen soll.

III.

Ungarn unter Joseph II. und Leopold II.

Die Stimme eines Zeitgenossen aus den Tagen der Reform und Restauration 1780—1790.

„Niemals hätte es in diesem Lande einen rühmlicher herrschenden Fürsten gegeben, als Joseph II., wenn er nicht allzusehr den Neuerungen zugethan und willens gewesen wäre, Reformator in allen Dingen zu sein. Indem aber die Neuerung ein missliebig Ding vor den im Alten eingewurzelten Menschen, so verlor er damit auch die frühere Beliebtheit bei allen Ständen. Die Vornehmen liebten ihn nicht; allerdings, weil er dem gemeinen Volke viel einräumte und in dem Maase, als er dessen herabgedrücktes Gewicht hob, die Herren in ihrem Gewichte erniedrigte und so diese zu seinen Feinden machte. Die Mönche und Nonnen hob er auf, das grosse Einkommen der Geistlichen verringerte er, und dadurch wurden sowohl die Geistlichen, als die, welche von der Pfaffenküche lebten, seine Feinde. Den Machtkreis des Adels beschränkte er, und das, was zuvor Recht der hohen Geburt war, verlieh er nur dem Verdienste; so machte er die, welche ausser ihren adeligen Ahnherren gar kein Verdienst hatten, zu seinen Gegnern. Die Beamten zwang er zur Pflichterfüllung, und so machte er die Beamten, welche eine grosse Zahlung liebten, aber nicht arbeiten wollten, zu seinen Anfeindern. Er verbot die ausländischen Waaren und kränkte so die betrügerischen Kaufleute. Zur Ausübung des Gewerbes, auch ausserhalb der Zunft, gab er Jedermann die Freiheit: so machte er die zünftigen Meister zu seinen Feinden. Für die Handhabung des Gesetzes setzte er ein kurzes Verfahren ein und ärgerte so gewaltig die Sachwalter und Richter, deren Sporteln sich verringerten. Mit einem Worte: Alles war über Joseph aufgebracht, weil er Reformator war, selbst in Glaubenssachen.

Und dies ist die Ursache, dass, wie gross auch zuvor die freudige Hoffnung auf ihn und die Liebe zu ihm gewesen, schliesslich eben so gross die Entfremdung von ihm wurde, so dass selbst die trefflichste Sache nur eben darum missfiel, weil sie Joseph anordnete. Und dies „ist die Ursache, dass man ihm nicht einmal die üblichen Leichen-

„ceremonien gönnte; selbst die Musen wollten entweder nicht auf seinen Grabstein niederschweben oder wagten es nicht, aus Furcht vor Anderen, ihn mit der einem guten Fürsten gebührenden Cypresse zu beschatten: denn die Raserei nahm die Feder zur Hand, tauchte sie in giftige Galle und stand nicht an, solche Verse zu kleksen, wie dieser:

> „Magnus erat quondam, nunc est post funere parvus:
> Invictus: victus gente gemente fuit." [1]

Man conterfeite den römischen Papst, und vor ihm am Krankenlager, Joseph II., in Begleitung der Verse:

> „Dat Christo moriens ultima verba latro" [2].

So wahrlich ist das Wesen des menschlichen Herzens; so die Wandelbarkeit der Anschauungen; den man jetzt anbetet, wie die Perser die aufgehende Sonne, von dem wendet man gleich darauf das Antlitz, wie vor schreckhafter Finsterniss; verstehe wohl, wahr ist dies auch in Hinsicht der Könige:

> Omnia sunt hominum tenui pendentia filo,
> Et subito casu, quae valuere ruunt [3].

Inzwischen meine ich, dass noch die Zeit kömmt, in welcher Joseph II. sein wird, wie die Sonne:

> Major ab occasu, postquam praeluxit ubique [4].

Von den Protestanten in seinen Landen hat er in der That verdient, dass sie seine Asche heilig halten. Genug damit, dass mit seinem Tode Ungarn aussah, wie ein austretendes Gewässer, das die Dämme zerreisst und nach allen Seiten mit grossem Schwalle hervorbricht und Alles vor sich her mitreisst". . . . .

Diese warmen, gehaltvollen Worte hat ein echter Ungarnsohn verzeichnet und sein Tagebuch, dessen magyarischer Laut auch die nationale Anschauung entschieden und rückhaltslos durchklingen lässt, denn es war nicht für den Büchermarkt geschrieben, ist uns doppelt willkommen als ein Spiegelbild der bewegten Zeit, welche sich an Joseph II. und seinen Thronfolger knüpft.

---

[1] „Einst, wie war er doch gross, nun todt — ist klein er geworden;
  Unbesiegt: besiegt ward er durch's klagende Volk."
[2] „Christo wendet sich zu endlich der Schächer im Tod."
[3] All' der Sterblichen Thun es hängt an schwächlichem Faden,
  Und im plötzlichen Fall stürzt das Gewaltige hin.
[4] „Hehrer im Sinken annoch, nachdem allwärts sie geleuchtet."

Unser Gewährsmann, Joseph Keresztesi [1]), kam den 29. December des Jahres 1748 in Veszprim zur Welt, als Sohn reformirter Bürgersleute, machte seine Studien zu Miskolcz, an der Sáros-Pataker Academie, hofmeisterte im Hause des Georg Kisdi zu Csaba, wo er einen deutschen Kürassier (vasas németet), der ihn todtschiessen wollte, mit dem Degen angriff und ihm den seinigen abnahm — und gerieth endlich nach Debreczin, in das „Herz" des untern Landes, des Alfölds (1769) — gegen den Willen seines Vaters. Hier setzte er seine theologischen Studien fort und wurde 1776 ehrsamer Schullehrer.

Sechs Jahre früher, den 18. Mai, sah er zum erstenmale den Thronfolger der Landesherrin, K. Joseph II. [2]), in Gesellschaft seines Schwagers, des Prinzen Albert von Sachsen-Teschen, und des Generals Lascy. — Die hohen Herrschaften stiegen im „weissen Ross" ab; der Kaiser besuchte die Hauptkirche, das Collegium, hielt sich lange in der Bibliothek auf und fuhr am 19. nach Böszörmény, eine der Hajdukenstädte. —

In dem letzteren Orte kam Keresztesi, im Jahre 1777, als Schulrector unter. Aber schon 1779 kehrte er Böszörmény den Rücken, um, wie dies alter Brauch bei den Protestantensöhnen war, — an den Hochschulen der Glaubensgenossen, „im Reiche" draussen, in der Schweiz und in den Niederlanden, die weitere Ausbildung zu erlangen; draussen in der Fremde den engen Gesichtskreis zu erweitern.

Am 2. Juni 1779, im Alter von 31 Jahren, trat er die Reise an — mit 150 Goldgulden in der Tasche. In einer besondern Anmerkung bezeichnet er die Summe von 235 Guldnern, woran, zur Förderung seiner academischen Reise, an 32 Geber zusammensteuerten. Auch Beiträge von 20 und 30 Kreuzern finden sich darunter. Die bedeutendste Summe von 170 fl. spendete die Vaterstadt Veszprim. In der Reihe der einzelnen Wohlthäter erscheint auch zu Wien, Lord Svinneus, mit 2 Gulden. Wir lernen den Mann später näher kennen. — Zu Pressburg gesellten sich zu unserem Keresztesi die Herren Medgyesi und Tóth. Mit einem Ulmer Flösser, Namens Leonhard Klazel, ging die Reise von Wien, zu Dreien, in einem „Strohwagen", durch das bairisch-schwäbische

---

[1]) Krónika Magyarország polgári és egyházi közéletéböl a XVIII dik század végén. Keresztesi József egykorú eredeti naplója. Pest. 1868. Ráth Mór IV u. 411 SS. 8⁰. („Chronik aus dem bürgerlichen und kirchlichen Gemeinleben Ungarns am Schlusse des 18. Jahrhundertes: Jos. Keresztesi's gleichzeitiges Original-Tagebuch." Pesth 1868. b. Moriz Ráth.) — Der Herausgeber ist A. Hoffer. Wir können nur bedauern, dass von jeder Commentirung des Textabdruckes Umgang genommen wurde.

[2]) Ueber Josephs II. Reise: Gross-Hoffinger I. 96 f.

Land; dann betrat man mit Schaffhausen die Schweiz bis Bern, und von da ging es wieder nordwärts nach Basel. Interessant ist die Angabe unseres Gewährsmannes, wie viel Ungarn in den Jahren 1779/80 an den Schweizer Academien studierten; in Zürich 3, Bern 4, Genf 2, Lausanne 1, Basel 2. —

Unsern Gewährsmann fesselte die Schweiz nur als Reisenden. Höher im Norden erst sollte sein academisches Leben beginnen. Durch den Elsass ging die Reise wieder an den Rhein und dann, den Strom entlang, nach Mainz. Hier verewigte sich unser Keresztesi als Gelegenheitspoet in dem Tagebuche des Herrn Heinz Hattemer-Bauholtzthor, der den Ruf eines Patrons oder Gönners der Ungarn genoss.

Ueber Ingelheim, Coblenz, Bonn, Cöln, Xanten und Cleve führte unsere Reisenden die Strasse in's „Belgierland“. In Utrecht angelangt (9. September), hatten sie Bedenken, die hiesige Hochschule zu besuchen, wegen der vielen Streitigkeiten, die dieses Jahr zwischen den ungarischen Akademikern ausgebrochen waren. Sie entschlossen sich daher nach „Vanequer“[1]) zu gehen und hier zu studieren. Sie erreichten diese Friesenstadt den 13. September, aber es war da ihres Bleibens nicht, denn die Universität machte bezüglich der Aufnahme als Stiftlinge Schwierigkeiten. Die Gesellschaft trennte sich. Nur Einer von ihnen blieb allhier, der zweite begab sich nach Gröningen; — unser Keresztesi wanderte nach Utrecht zurück, in Begleitung eines Siebenbürgers aus Klausenburg, der die Reise von Utrecht aus nach Franeker mitgemacht hatte. Ueber's Meer ging es dann wieder nach Amsterdam und sodann zurück nach Utrecht.

In den Osterferien lernte er die bedeutendsten Städte Hollands kennen. — Seinen Aufzeichnungen lässt sich der ziemliche Umfang der ungarischen Stipendien entnehmen. Er schliesst aber auch mit der Bemerkung, dass es hier eben deshalb sehr viele ungarische Landsleute gäbe, „die sich unaufhörlich in den Haaren lägen, einander beneideten und ausspionirten, und so allerliebste Kennzeichen ihres geistlichen Berufes verriethen“ . . .

An den „belgischen“ (niederländischen) Hochschulen zu Leiden, Franeker, Gröningen und Utrecht — studierten, nach den Angaben Keresztesi's, in den Jahren 1779/80 über 30 Ungarn und Siebenbürger, darunter zwei „freiwillige Verbannte.“

Von der poetischen Ader unsers Gewährsmannes, die sich damals in ihm regte, gibt die magyarische Uebertragung eines französischen Busspsalmes und so manches Stammblatt, in lateinischen Distichen, — Zeugniss.

---

[1]) Franeker, in der holländischen Provinz Friesland.

Am 2. Juni des Jahres 1780, also gerade ein Jahr seit der Abreise von Böszörmény — zog er wieder heimwärts, in Begleitung zweier neuen magyarischen Genossen. An der Hochschule in Erlangen traf er auch drei Landsleute. — Dann fuhr man an der Donau herab von Regensburg weiter nach Wien.

Hier langte Keresztesi den 28. August an und machte die vortheilhafte Bekanntschaft eines vornehmen, reichen Engländers, „des Lord Sidney Svinneus (Swinney), Assessor des Parlamentes zweiter Ordnung"; Vorstand der englischen Ackerbaugesellschaft, der sich nach sechsjährigem Aufenthalte in Constantinopel nach Wien begeben hatte und hier, von seiner Frau getrennt, privatisirte; ein wahres „Wunderding" an klassischer Gelehrsamkeit, vor Allem aufmerksamer Beobachter des religiösen Sectenwesens. In der freundschaftlichsten Weise nahm dieser 58jährige Bürger Albions von unserm Keresztesi Abschied (14. September), nachdem er diesen der literarischen Unterstützung des Professors Martini anempfohlen.

Keresztesi verliess Wien den 28. September. Den 1. October traf er in Veszprim ein, wo er seine Eltern und Geschwister bei Leben und in bester Gesundheit vorfand. Auch Geldunterstützungen wurden ihm zu Theil. Zehn Wochen hielt er sich hier auf. Um diese Zeit starb Maria Theresia. „Damals gab es Seitens aller Bekenntnisse Geläute, Predigten und Parentationen in elegischen Versen und nur Einen Trost gab es, dass Kaiser Joseph II., gleichsam wie ein Sylvius, den Königsthron der Lavinia, einnahm."

Den 1. Februar 1781 begegnen wir unserm Gewährsmanne in Debreczin, wo er die Gönnerschaft des Herrn Paul Frater genoss. Auf der Sommerreise zu seinen Eltern, der letzten, sah er zu Pest das kaiserliche Lager. Nach Debreczin heimgekehrt, nahm er an dem Jubel Theil, der sich an das Toleranzpatent Josephs II., vom 19. October, knüpfte. Der inhaltschwere Erlass traf den 26. December in Debreczin ein. — Dies Ereigniss und die Ankunft Pabst Pius VI. in Wien, riefen so manchen lateinischen Gelegenheitsvers in der akatholischen Welt hervor, den unser Gewährsmann verzeichnet.

Es würde uns zu weit führen, die Privatverhältnisse Keresztesi's und die Einzelheiten der Debrecziner Kirchenverhältnisse an seiner Hand zu verfolgen. Er machte mehrere geistliche Berufungen durch, verehelichte sich im Spätherbste des Jahres 1782 und wird, je weiter in seinem Tagebuche, eine desto werthvollere Quelle für die Zeitgeschichte Ungarns. — Denn wir haben es mit einem weltkundigen, gebildeten Manne zu thun, der, fanatischer Unduldsamkeit fremd, die Staats- und Kirchensachen mit ganz anderem Blicke mass und beurtheilte, als so viele seiner Landsleute, die ihre Scholle nicht verlassen hatten und in den enghörzigsten Anschauungen befangen blieben.

Mit begreiflicher Ausführlichkeit verzeichnet unser Gewährsmann die Erlebnisse der helvetischen Kirche im Biharer Comitate. Wir entnehmen seinem Tagebuche neue Belege, wie schwierig es war, den kaiserlichen Befehlen zu Gunsten des Protestantismus, gegenüber den Verwahrungen der katholischen Hierarchie, — Nachdruck und Wirksamkeit zu verschaffen. Jahrelang zog sich der Rechtsstreit der Protestanten von Grosswardein, Olaszi und Velencze mit dem katholischen Episcopate, in der Kirchen- und Schulfrage, hinaus. Zu Olaszi (Nagy-Várad-Olaszi) erscheint Keresztesi als Prediger der Protestantengemeinde; hier feierte er von der Kanzel herab den Kaiser als grossherzigen Spender des Toleranzpatentes [1]).

Bis zum Jahre 1790 bewegen sich Keresztesi's Aufzeichnungen, wie dies seine Lebensstellung und der unmittelbare Zweck des Tagebuches erklärlich macht, vorzugsweise im Bereiche der schwebenden confessionellen Fragen, doch auch die anderweitigen Thatsachen, die Reformen des Kaisers auf allen Gebieten des ungarischen Staatslebens kommen mit mehr oder minder Ausführlichkeit zur Sprache [2]).

Das Jahr 1790, der grosse Wendepunkt, wird mit folgenden gehaltvollen Betrachtungen eingeleitet: „Der Umschwung im Zustande des Reiches" [3]).

„Ich habe noch nie ein Jahr erlebt, das einen mit dichtern Wolken verdüsterten Himmel und furchtbarer drohende Stürme aufwies, als dieses. Zwar verlief der Türkenkrieg ausserhalb des Reiches glücklich, aber im Schoosse des Reiches begann Hader zu keimen. Der Lärm des französischen Patriotismus, der den König aller seiner früheren Gewalt und Hoheit entkleidete; der Abfall der Belgier, die, von van der Noot angestiftet, sich selbst auf freien Fuss setzten und Ihre Hoheit die Regentin Maria Christina sammt ihrem Gatten, Albert von Sachsen, nach Bonn vertrieben; die Parteinahme Ihrer Hoheit des Preussenköniges Wilhelm II., an den sich einige Comitate wandten und von

---

[1]) Charakteristisch ist die Festpredigt Keresztesi's, die er den 19. März (Josephstag) 1784 zu Nagy-Várad-Olaszi hielt und die im Drucke den (hier verdeutschten) Titel führt: „Der seine Brüder zum Frieden mahnende Joseph (d. i. der egyptische), in dessen Bilde (der Prediger) den erlauchten römischen Kaiser Joseph II. aus Anlass seines, in Hinsicht der für die Freiheit der Glaubensübung nothwendigen gegenseitigen Duldung, erlassenen Gnadenbefehles (d. i. des Toleranz-Edistes) schilderte."

[2]) Keresztesi S. 43—182.

[3]) Keresztesi S. 182—84.

4*

ihm auch Geld erhielten; die benachbarte Gährung der Polen, besonders aber die grosse Bürde des Krieges mit den Türken, die auch auf den ungarischen Herren lastete, die Nichterhörung der häufigen Klagen Seitens des Königes, der Umfang der Wunden, die keine Heilung fanden und andere Angelegenheiten, die weiter unten verzeichnet werden, dies Alles ermuthigte das erbitterte Magyarenvolk, das schwere Joch von seinem Nacken abzuschütteln. Die vernichtete Freiheit der ruhmvollen Nation diente zum Banner, es folgten Klagen, Bittschriften in Hinsicht der schlechten Staatsverwaltung; Erklärungen, Rescripte, heimliche Zusammenkünfte. Also erhob sich ganz Hetrurien in gerechter Entrüstung ... und wenn nicht die Wunden rechtzeitig und auf gute Weise ihre Heilung fanden, war es kaum möglich, den Aufruhr des Vaterlandes zu verhüthen."

„Im ganzen Vaterlande waren sämmtliche Gespannschaften in unzufriedener Gährung. Anfänglich flossen die Zuschriften nur heimlich und flüsternd, endlich verständigten sie sich durch Rundschreiben derart, dass die gespannten Saiten überall den gleichen Ton von sich gaben.

Zunächst begann sich der Patriotismus in der Aufnahme des magyarischen Nationalgewandes kundzugeben, was um so hübscher und erstaunlicher war, als man schon kaum Jemanden in magyarischer Kleidung erblickte; denn überall zeigte sich das deutsche Gewand, wie eine Ueberschwemmung. Jetzt aber tauchten schnell die rechtschaffensten ungarischen Gewänder auf. Die Gespanschaften wählten bereits ihre besondere Uniform: so galt z. B. im Biharer Comitate als Uniform ein rother Kalpak, ein grüner Mente, ein rother Dolman, rothe Beinkleider, schwarze Kurzhosen, gelbe Zischmen; goldene Schnürchen und lange Borten für die Gewänder wurden, als es an ihnen daheim gebrach, selbst im Auslande gekauft. An vielen Orten verbannte man den Hut, verbrannte ihn und setzte auf die Köpfe Kucsmen (Pelz- oder Pudelmütze) und Csákos mit Federbusch. — An welchem Magyaren man deutsche Tracht entdeckte, dem riss man sie vom Leibe; in Gesellschaften, auf Bällen duldete man keine andere Kleidung als die magyarische. — Das Frauengeschlecht selbst entsagte den nachschleppenden Reifröcken, Bouffen, Seidenhauben, spinnenwebenartigen Receficen (!) und den tausenderlei lächerlichen, äffischen Gewändern und kleidete sich auf ungarisch; welche aber so zu handeln sich weigerten, denen wurde es selbst an öffentlichen Orten von den Köpfen heruntergeschlagen und zusammengetreten und aller Hohn ihnen angethan. Die Junker und Herrn schnallten statt der bisher an ihrer Seite baumelnden Penicilen (!) breite ungarische Säbel an, kauften sich Reitpferde und trabten auf denselben. Die deutschen Insassen versteckten sich oder kleideten sich

in magyarischer Tracht, denn sie besassen anders nicht
viel Muth. Der magyarische Eifer verstieg sich so weit, dass man
die deutsche Tracht des halben Europa verhöhnt und verbrennt."

„Es kam auch dahin, dass Alles magyarisch sprach, die welche
der Sprache unkundig waren, sie lernten; während man früher vor wenig
Monaten, besonders in grosser Gesellschaft, einen ungarisch Sprechenden
kaum auffinden konnte. — Denn selbst die Herren schämten sich magyarisch zu sprechen; oft konnten sie es gar nicht, namentlich in
hohen Familien war dies der Fall, und die Magyarenkinder begannen
deutsch zu lallen. Ein glückliches Fatum war es daher, dass sich so
schnell die magyarische Tracht und Sprache bei ihrer Nation Achtung
erwarb. Denn insbesondere machen Tracht und Sprache das Volk zur
eigenthümlichen Nation."

„Des Reiches Wunden." [1]

„Mit solchem nationalen Eifer war also das Ungarnvolk erfüllt;
im Jänner wurden bereits überall Generalversammlungen abgehalten, besonders deshalb, weil der König für den Türkenkrieg viele Naturalien
und Rekruten verlangte. Damals sandte man neben den Repräsentationen
auch die eigenen Beschwerden ein, unter welchen als gemeinsame Un-
bilden, die das Gesammtvaterland beschwerten, nachstehende zur Sprache
kommen mögen:

1. Dass K. Joseph sich durch neun Jahre nimmer krönen liess
und den üblichen Krönungsschwur nicht leistete. 2. Dass er die Krone
ohne Wissen und Willen des Reiches, noch dazu in Friedenszeit, nach
Wien bringen und in seiner Schatzkammer wie ein Eigengut verwahren
liess. 3. Dass er die gesetzmässige lateinische Sprache zum Schimpfe
für das Magyarenvolk mit der deutschen Sprache vertauschte, welcher
willen viele des Deutschen unkundige Vaterlandssöhne zum Schweigen
verurtheilt wurden. 4. Dass man die Häuser der Numerirung unterwarf,

---

[1] Keresztesi S. 184—187. — Die Reformen K. Josephs II. finden sich
am besten, ausser der allg. Normaliensammlung (in dem Sammelwerke von Kropatschek, Goutta und Pichl) — und den speciell für Ungarn eingerichteten legis-
lativen Publicationen wie: die Collectio benignarum normalium resolutionum . . .
1785; die Constituta regia . . . 1788—9; die Intimata resolutiones regiae in juri-
dicis . . . 1785—7; der Ordo judiciarius . . . 1786; die Instructio pro universis
foris . . . 1786; — in dem Werke des k. Hofagenten Joseph Keresztury:
Introductio in opus collectionis Normalium constitutorum . . . duae partes lat.
germ. Viennae 1788. 4º behandelt. S. auch Katona h. cr. XL. Bd. Die Justiz-
reformen bei A. v. Domin-Petrushevecz „Neuere österr. Rechtsgeschichte".
Wien 1869. VI u. 379 SS. 8º (S. 89—192). Vgl. Horváth M. t. 5. Bd. S. 272 f.

und zwar durch Soldaten, die doch nur gegen den äussern Feind, nicht aber für bürgerliche Angelegenheiten unterhalten würden. 5. Dass man die Güter der Geistlichkeit entzog, die Mönchsorden aufhob, die auf Gesetzen des Vaterlandes beruhten. 6. Dass statt der gesetzlichen Obergespäne königliche Commissäre mit ungewohnter Gewalt eingesetzt wurden. 7. Dass man die allgemeinen Versammlungen aufhob, wodurch sowohl der ordnungsmässige Verlauf der Geschäfte, als das Verfahren der Krone gegenüber unterbrochen ward. 8. Dass man das Recht der Beamtenwahl der Hand des Landes entwand, die Beamten von dem königlichen Commissär ernennen und nicht reichsgesetzlich beeiden liess. Die angestammten Landessöhne sahen sich zurückgesetzt, man zog ihnen Fremde vor. Ferner entzog man den Gespanschaften die alten Siegel und verlieh ihnen neue. 9. Dass man die Gerichtsbestände verringerte, ein neues Gesetzbuch erliess, die sanctio criminalis, die nicht nur der Menschlichkeit, sondern selbst den göttlichen Geboten widerspreche. 10. Dass die Feldmessung (Kataster) eingeführt und von den Grundherrn die Zahlung der dabei Beschäftigten verlangt wurde. 11. Dass man das Grundherrnrecht (jus dominale) verkürzte und den Nutzen des Weinschankes sowie der Fleischausschrotung auch den Bauern zuwandte. 12. Dass das jus gladii beseitigt und die Todesstrafe (capitale supplicium) aufgehoben ward. 13. Dass die Archive den Conventen entzogen und ungesetzlichen Händen anvertraut wurden. 14. Dass man die Studienstiftungen, entgegen der Absicht der Gründer, wegnahm, das Schulgeld über jeden Schüler verhängte, dass man Normalschulen errichtete, in denen alle zu Unterthansdiensten abgerichtet werden. 15. Dass die auf Spitäler zum Unterhalte der Armen angewiesenen Summen in den königlichen Schatz niedergelegt, die Interessen von hundert auf fünfthalb beschränkt wurden: und so jenen Gewalt geschah, denen behilflich zu sein das christliche Mitleid anräth. 16. Dass das arme steuerzahlende Volk bis zur Verzweiflung gedrückt, zu Schanzgräberei, Wagenfrohne gezwungen, und so förmlich dem Feinde in den Rachen gejagt wurde. 17. Dass die königlichen Städte, die Jaszyger, Kumanen, Hajduken und Lanzenträger — Stühle ihrer alten Rechte entkleidet und den Comitaten einverleibt seien. 18. Dass man die Berggerichtsstühle aufhob, die Eisengabe (vas adás) einführte und die Montanbürger der gemeinen Steuer unterwarf. 19. Dass der Preis des Salzes von 3 Reichsgulden auf 5 fl. 14 kr. erhöht, dadurch das Vieh vertheuert, der Pest der Weg geöffnet und dadurch ein neues Steuer-Quantum eingeführt wurde. 20. Dass die Lebensmittel von den Soldaten verzehrt würden, die dafür nur mit Papier zahlen. 21. Dass man die Civilkasse mit der Militärkasse vermengte; viele Gespanschaften vereinigte u. s. w."

Wir werden aus dem Folgenden ersehen, dass der Schreiber dieser
Zeilen wesentlich anders dachte, als der grosse Haufen, in welchem diese
Klagen unaufhörlich erschollen. Ihrer Aufzählung gesellt er folgende
Worte bei: „Ausserdem verkündigten viele Gespanschaften öffentlich,
sie seien eher bereit Alles zu erleiden und zu den Waffen zu greifen,
als abzustehen von ihren alten Freiheiten und Rechten: und protestirten;
nicht sie seien die Ursache der Gefahr, sondern der, welcher hiezu Veranlassung gäbe. Als „Herzog" (!) K a u n i t z, als Staatskanzler, einige
dieser Repräsentationen sah und las, habe er dem Kaiser gesagt: d i e s
s e i d i e z w e i t e b e l g i s c h e G e s c h i c h t e."

Wenden wir uns zu dem, was unser Gewährsmann über die besondern Vorgänge in seiner Gespanschaft, im B i h a r e r Comitate, berichtet [1]).

Als Graf Joseph H a l l e r, der königliche Commissär, das Rescript
vom 18. December 1789 mit allem Nachdruck verlas, worin das allerhöchste Missfallen ausgesprochen wurde über die Säumigkeit des Comitates in der Naturaliengabe und Truppenstellung, anderseits aber den
Beschwerden der Stände vollständige Abhilfe zugesagt ward, unter Ver-
pfändung des königlichen Wortes, — so entstand unzufriedenes Ge-
Gemurmel unter den Ständen, und Emerich Pécsi hatte mit seiner
heftigen Gegenrede leichtes Spiel. Viele weinten laut, als er die Wunden
des Vaterlandes zur Sprache brachte.

Die Verlesung der Acten des N e o g r á d e r Comitates schlug dem
Fasse den Boden ein. Auch die Biharer Gespanschaft beschloss, den
äussersten Widerstand gegen ungesetzliche Bedrückung und erklärte den
Regenten an die pragmatische Sanction gebunden. Die „General- und
Particular-Congregationen" wurden ungesäumt wieder hergestellt, die von
dem königlichen Commissär bestallten Comitatsbeamten auf die Reichsgesetze beeidigt und „bis zur künftigen Restauration" bestätigt. Dem
königlichen Commissär wurde erklärt, er solle die dem Amte des Obergespans widersprechenden Befehle des Commissärs nicht zu Protokoll
geben: denn die zwei Dinge, der Obergespan und der Commissär, seien
unvereinbar. „Gerne sehen wir, hiess es, Euer Excellenz in der Versammlung als Obergespan, aber als Commissär wünschen wir Sie nicht,
denn jetzt gäbe es in der Welt nichts Anderes, als Controlor und Commissär. Es gab noch viele andere spöttliche Reden, in deren Anhörung
man die grosse, friedliebende Ruhe des Grafen Haller bewundern musste."

„Die d e u t s c h e S p r a c h e ward als Erniedrigung der magyarischen Nation angesehen und bezüglich ihrer beschlossen, man werde sie

---

[1]) Keresztesi. S. 187—190.

in keinerlei Geschäft gebrauchen, sondern nur das Latein oder Ungarische. Würde aber das allerhöchste Consilium (Statthalterei) seine Befehle deutsch schreiben, so werde man sie einsammeln und zurücksenden. — Das dem Comitate von der Statthalterei entzogene alte Siegel heischte man zurück und beschloss, falls man es nicht zurückgäbe, ein solches neu graviren zu lassen, mit der Umschrift: Restitutum 1790. Es wurde die vormals übliche Correspondenz und Verständigung mit den Gespanschaften beschlossen. Endlich wurden die Acten dieser Versammlung sammt der an den König gerichteten Repräsentation zum Drucke befördert und an alle ungarisch-siebenbürgischen und croatischen Gespanschaften versendet. — Debreczin ward als königliche Stadt von der Jurisdiction des Comitates befreit und in seine autonome Stellung wieder eingesetzt. — Die Cassa domestica (Civilkasse) der Gespanschaft wurde von der bellica (Kriegskasse) getrennt; — die politische Direction abgeschafft, — die dimensio oder Landvermessung unterbrochen, weil die Voraussetzung: die Abgabenlast hafte an dem Grunde (onus inhaereat fundo) dem Gesetze widerstreite. Man beschloss, Niemand solle die Landmesser oder Ingenieure zahlen."

„Alle Acten der (Katastral-) Vermessung sollten gesammelt und bis aur weitere Verfügung sequestrirt bleiben. Der Präses (der Vermessung) aber, Herr Georg Pongrácz, wollte sie nicht ausliefern, und brachte so wider sich alle Zungen in scharfe Bewegung. — Das „Ordo judiciarius" benannte Gesetzbuch (d. i. die Gerichtsordnung) und das nach ihm urtheilschöpfende subalternum judicium, wurde wohl nicht als ungesetzlich erklärt, nichts destoweniger aber nur noch für kurze Zeit in seiner Giltigkeit belassen; die Sanctio Criminalis (das Criminal-Gesetzbuch) aber aufgehoben.

„Dem Grosswardeiner Capitel verbot man, die Urkunden nach Ofen zu schicken, und ein toller Lärm entstand, damit statt eines gewissen Horvát, eines Gauners (tolvaj), ein anderer tauglicher (Beamte) bestellt werde; dies versprach auch der Grossprobst, Graf Kornizs. An die Statthalterei (consilium locumtenentiale) wurde das Ansuchen gestellt, man möge den König dahin bringen, dass er die Fiscalgüter nicht im Wege der Versteigerung dahingebe, sondern würdigen Vaterlandssöhnen übertrage. Gegen diesen Punkt schien Graf Samuel Teleki eingenommen zu sein, da er eben damals das Püspök-Ladányer Dominium sich zu verschaffen trachtete. — Mancher, der nur das Maul aufreissen konnte, wurde zum Assessor gemacht."

„Für die Richtigstellung der beschriebenen Beschlüsse und der an den König abzusendenden Repräsentation wurden zwar einige pro forma auserwählt, aber Triebfeder und Urheber der ganzen Angelegenheit war allein Herr Ludwig Domokos, der damals Seele, Verstand, Mund und Feder der Gespanschaft war, und aus dessen Kiele alle Repräsentationen flossen. In der That hielt man damals jenen für den besten Patrioten, der von früher her durch etwas verbittert, im Herzen eine Wunde trug, und zur Rücktrumpfung oder Heimzahlung derselben jedes unangenehme Mittel wählte. Aus dieser Quelle stammte und ward zur That die Biharer Repräsentation, worin die Beschwerden an erster Stelle standen und die Abhaltung eines Reichstages mit vielen scharfen Worten, in lateinischer Sprache, verlangt wurde. Diese (Repräsentation) wurde zu Grosswardein, das Protokoll aber in magyarischer Sprache zu Diószeg gedruckt und dem Beschlusse gemäss überall hin versendet. Es waren dies ebensoviele Manifeste" [1]).

Den 28. Jänner 1790 erliess Joseph II. das verhängnissvolle Rescript — die Nichtigkeitserklärung seiner Schöpfungen in Ungarn [2]). Eine neue Liste der „Obergespäne" erscheint. Einige werden von den Comitaten mit Freuden begrüsst. Andere, als gewesene „Commissäre", scheel angesehen.

Eine höchst lebendige Schilderung aus der Zeit der Restaurationsepoche bietet das Capitel mit der Ueberschrift:

„Von der Rückkunft der ungarischen Krone" [3]).

„Im Jahre 1785 verwandelte K. Joseph II. die bisherige Behausung der Krone, das Pressburger Castell, in ein Seminar des Jungklerus, und liess die Krone zum grossen Aergerniss des Reiches am 13. April unter einigen Vorwänden nach Wien schaffen und in seiner Schatzkammer mit mehreren Kleinodien in einem Glasschranke verwahren. Damals ereignete sich in Pressburg das erste Gewitter und der erste Regenguss. Der Krone gaben das Geleite die beiden Hüter, Keglevics und Nádasdy, die seitdem in Wien wohnten, und vier Gardisten,

[1]) Vgl. die Collectio ordinationum Imperatoris Josephi II. et repraesentationum diversorum Regni Hungariae comitatuum. Pars I. Diószegini, typis Pauli Medgyesi 1790. 8° 302 SS. Auszüge bietet auch Katona's: hist. crit. regni Hungarie 40. Band. — Die Heveser Gespanschaft hatte schon 1781 wider K. Joseph II. Toleranz-Edict „repräsentirt". Vgl. Katona a. a. O. 126—138.

[2]) S. Keresztesi S. 191. Vgl. Schlözer's Staatsanzeiger 54. Heft. S. 121 bis 124; 171—184. Dieses Rescript verzeichnet Keresztesi S. 204—208.

[3]) Keresztesi S. 196 ff. Vgl. J. Péczely: A magyar koronának rövid historiája (Kurze Geschichte der ungar. Krone). Komárom 1790 und Sz. Korona köszönt (Gruss der h. Krone) ebd. 1790, und Katona hist. crit. II. 40. Bd. S. 370 ff.

und zwar die Hauptleute Légás, Soth, Petkovics und Zitkovszky, von denen seither alle, den Herrn Soth ausgenommen, mit Tod abgingen. Die Krone befand sich also in Wien und alle Klagen, Protestationen waren nutzlos; bis endlich im Jahre 1790, sowohl durch die Gährung der Ungarn, als durch die würdigen Erklärungen der hohen Stände bewogen, Kaiser Joseph in dem Erlasse vom 28. Jänner die Wiederherstellung der Verfassung auf dem früheren Fusse, die Abhaltung des Reichstages, bis dahin auch die Zurückschaffung der Krone nach Ofen anordnete, demzufolge die Krone am 18. Februar, zwei Tage vor dem Tode Josephs, aus Wien fortgeführt wurde.

Am 17. Februar erhielt den Auftrag der Oberstkanzler, Graf Carl Pálffy, und berief die dort weilenden Barone des Reiches, mit denen er Nachmittags in die Schatzkammer sich begab. Dort liess er, zum Anblick für Alle, Krone, Scepter, Goldapfel, St. Stephans-Mantel und Säbel, sammt dem für die Krönung Maria Theresia's angefertigten Edelsteinsäbel, aus dem Glasschranke herausnehmen, in ihre alte Truhe schlichten, mit drei Schlüsseln versperren und verschlossen bis zum nächsten Morgen dort verweilen. Nächsten Morgens standen vor der Schatzkammer drei Glaswagen mit je sechs, und Einer mit vier Pferden bespannt. Die Kleinode trugen zwei Hofpagen in einer rothsammtenen Truhe heraus und hoben sie auf die prachtvollste Kutsche, und zwar auf ein am Sitze befindliches Brett. Neben der Kutsche standen zwei berittene Hauptleute der Leibgarde mit gezogenem Säbel. Die erste Kutsche setzte sich in Bewegung; sie bestieg Major Sóki und Hauptmann Dóczi mit zwei Gardisten; in die zweite Kutsche kam die Truhe selbst, auf den Bock ein Diener, neben ihm zwei Gardisten; in die dritte Kutsche die beiden Grafenwächter; in der vierspännigen fuhr die Dienerschaft.

Bei dieser Gelegenheit drängte sich eine unendliche Volksmasse in Wien zusammen, Willens die Abreise der Krone zu sehen; und dies umsomehr, als die Deutschen selbst die Ursache der grossen Theuerung dem zuschrieben, dass Gott sie wegen des Aufenthaltes der ungarischen Krone unter ihnen züchtige. Demzufolge machte sich die Krone von Wien auf den Weg und gelangte mit drei Rasten nach Ofen, und zwar 1. nach Köpcse in's Schloss des Herzog Eszterházy, 2. nach Gross-Raab in den Palast des Bischofs, 3. nach Gran in die Residenz des Primas, 4. nach Ofen in das Schloss, und zwar in die dortige S. Sigmunds-Capelle.

Mit aller Art von Freudenbezeugungen, Te Deum laudamus, Kanonendonner, Illuminationen u. s. w. nahm das Magyarenland die heimkehrende Krone auf: es ist unmöglich dies der Wirklichkeit gemäss zu beschreiben. Vergegenwärtigen wir uns nur einige Freudenbezeugungen, nach den Stationen:

1. Die Adelsschaft des Pressburger Comitates, die Bürger und die akademische Jugend von Pressburg, alle in ungarischer Tracht, zu Fuss und zu Ross, schaarten sich in Pressburg bei dem Palaste des Grafen Nicolaus Forgács zusammen, je unter besondern Bannern mit Trompeten- und Pfeifenschall; solcher gab es unter Führung des Grafen Forgács mehr als tausend. Ausser ihnen war eine Menge Grafen, Barone, Hochadelige und, in reicher ungarischer Tracht, zahlreiche herrschaftliche Frauen in Kutschen angehäuft.

Aus Pressburg über die Donau gelangt, machten sie an der Reichsgrenze auf dem Farkasfalver Felde Halt, schlugen Gezelte auf und harrten dort der Ankunft der Krone; mit vielen Tausenden, die des Gaffens Willen von allen Seiten, auch aus Wien, sich zusammengeschaart hatten, langte die Krone Nachmittags um drei Uhr an, und alsbald erklangen Musik, Kanonenschüsse und Glockengeläute in P r e s s b u r g. Das Freudengeschrei drang bis zum Himmel. Damals hielt Baron Perényi, Domherr und Titularprobst, an der Grenze die Begrüssungsrede. Von da gab man ihr unter tausend Rufen und freudenerweckenden Instrumentenklängen das Geleite bis zum Thore des Köpcsényer Schlosses, wo die Schlossbeamten rasch die Pferde ausspannten, welche die Krone zogen, und die Kutsche in's Castell schafften. Die Hochadeligen selbst luden die Truhe ab und brachten sie in das bestimmte Prunkgemach, wo die Krone, aus ihrem Verschlusse herausgenommen, der allgemeinen Besichtigung zweimal, des Abends und Morgens, ausgestellt, von Magnaten bewacht und ein Te Deum laudamus abgehalten wurde. Herzog Eszterházy bewirthete Alle; an die Armen ward reiches Almosen vertheilt, und am 19. Februar die Krone bis zur Grenze mit gleichem Pomp und Freudentaumel begleitet.

2. Die Stadt R a a b beging mit solcher Zurüstung den Freudentag der Heimkehr der Krone, dass sie damit ihre innige Vaterlandsliebe kundthat. Der gesammte Raaber Comitatsadel wartete an der Gespanschaftsgrenze zu Pferde und bewaffnet, unter der Führung der Grafen Eszterházy und Festetics; die Stadtbürgerschaft, Ungarn und Deutsche, alle in Reih und Glied unter besondern Fahnen, und schrieen aus voller Kehle: Es lebe die ungarische Freiheit! Die Krone langte am 19. Februar Abends um 5 Uhr an; voran zog der Bischof, das Capitel, die Geistlichkeit und die Schuljugend mit Kreuzen. Vor der Krone Pauken, Pfeifen, Trompeten, hinter ihr Geigen; man sang ungarische Weisen und schrie: „Es lebe die ungarische Freiheit!"

„In's Schloss angelangt geriethen die Geistlichen mit dem Adel in Zwist; denn die Geistlichen wollten die Krone in den Bischofshof schaffen, die Adeligen aber leisteten Widerstand und riefen: Wir erlauben es nicht! In der alten Kirche ist ihre Stelle, auf jenem Altare, wo des h. Königes Ladislaus Todtenschädel verehrt wird, auf welchem schon diese heilige Krone ruhte. Da sich die Kronhüter auch dem Wunsche des Adels zuneigten, so wurde sie in der Kirche beigesetzt und zu Aller Beschau ausgestellt. Sobald es dunkelte, wurde die ganze Stadt beleuchtet, viele Inschriften zeigten sich unter gemalten Kronen, wie: „Der Aufgang unserer Sonne"; „Die Verjüngung unseres Vaterlandes"; „Die Erheiterung unseres Himmels"; „Die Kraft unserer Gesetze"; „Das Palladium der Freiheit"; „Das Leben unserer Nation"; „Das Ziel unserer Wünsche"; „Die Heilung unserer Wunden"; „Das Ende unserer Klagen"; „Der Beginn unserer Freuden"; „Rediviva libertas"; „Hungarorum vita"; „Regni Salus"; „Legum robur"; „Felici fato regni diadema redemptum, praesidio huius gens Hungara tuta manet" [1]) ... welche zumeist Niclas Révay [2]), Piaristenlehrer in Raab, angefertigt. Die ganze Nacht hindurch erklang in der Stadt aller Ort Musik, und selbst der Hinkende sprang vor Freuden. Den andern Tag gaben sie mit ähnlichen Zurüstungen der Krone das Geleite gegen Komorn, wo sie Nachmittags um ein Uhr eine kurze Zeit Halt machte und 300 Adelige, sowie 500 Einwohner von Komorn, die Parade machten.

3. In der ganzen Graner Gespanschaft, wohin die Krone abgeführt wurde, gab ihr bald die eine, bald die andere Adelsschaar überallhin das Geleite; aus Gran zogen ihr entgegen hundert Reiter und ebenso viel Fussgänger, alle in schmucker Ungarntracht. Aus der Primasstadt kamen viele Bewaffnete und die erzbischöflichen Kriegsleute, alle gleichförmig in grünem Anzuge. Ueberdies warteten 300 Jungfrauen in gleichem weissen Ungarnkleide, die Haare mit rosenrothen Schleifen gebunden, am Ende der Stadt in zwei Reihen aufgestellt; als den 20. Fe-

---

[1]) „Die wiedererstandene Freiheit — das Heil des Reiches; die Kraft der Gesetze; das durch ein günstiges Geschick wieder erlangte Diadem, unter dessen Schutze das Ungarnvolk bleibende Sicherheit findet."

[2]) Niclas Révay — einer der bedeutendsten Förderer der magyarischen Sprache und Literatur. Siehe über ihn Toldy: A magyar nemzeti irodalom története a legrégibb időktől a jelenkorig rövid előadásban (Geschichte der magyarischen National-Literatur von den ältesten Zeiten bis zur Gegenwart, in kurzer Bearbeitung). Pest 1864—5. 8⁰ S. 128, 152, 168, 174. Er war auch an der ersten magyar. Zeitschrift „Magyar hirmondó". Pressburg 1780—86, als Redacteur wesentlich betheiligt.

bruar Abends um 9 Uhr die Krone an der Grenze von Gran eintraf, begannen allerwärts die Kanonen und Glocken zu erdröhnen. Man führte sie in die Stadt, wo schon früher mitunter dieses Palladium geweilt hatte, beim Scheine der Kerzen und Fackeln. Voran zog die Reiterei und das Fussvolk, zu beiden Seiten die erwähnten 300 Jungfrauen; für das Volksgedränge war aber die breiteste Gasse zu schmal. Sie (die Krone) geleiteten die Herren der Graner und Honter Gespanschaft, welche die Vicegespäne Carl Sissai und Ladislaus Majtényi anführten. Der Probst und die vornehmsten Herren brachten die Krone in die erleuchtete Stube, stellten sie auf einen mit Seide überzogenen Tisch, und der Generalvicar sprach über sie ein ungarisches Gebet. Sodann ward die Krone herausgenommen (aus ihrem Verschlusse) und konnte von Jedermann besehen werden. Um 10 Uhr Nachts und abermals 10 Uhr Morgens wurde ein Te Deum laudamus abgehalten und um 7 Uhr in gleicher Weise die Krone gegen Ofen befördert.

4. Nach Ofen gelangte sie am 21. Februar Nachmittags vier Uhr. Voran schritten jene, welche die Krone Seitens des Comitates übernahmen; sodann die Kumanen, Jászen und Kecskeméter „Türken" mit Pfeifenschall, die Sz. Andráser und Altofner Reiterei, die Reiter der Stadt Ofen, der Pester Rath in Kutschen, die Comitats-Deputirten zu Wagen, adelige Reiter in verschiedene Trachten gekleidet. Ihnen folgte die Krone, neben ihr sechs Gardisten, nach ihr des Paladins Banderium. Hierauf die Kutsche der Kronwächter und das adelige Geleite; inzwischen donnerten die Kanonen und die Glocken läuteten. Als man zum königlichen Palaste gelangte, zogen sechs auserwählte Adelige die Krontruhe hervor in den grossen Saal des Palastes und stellten sie auf einen mit rothem Sammte überzogenen Sockel von drei Stufen Höhe. Hier hatte der Reichshofrichter Carl Zichy eine kurze Rede zu halten, der dann die Truhe öffnen wollte, aber nicht öffnete. Er forderte in deutscher Sprache einen andern Schlüssel, worauf ein dort stehender ungarischer Herr, Sigmund Nemes, sagte: „Gnädiger Herr, das ist keine deutsche Krone, sie versteht nicht deutsch; versuchen es Excellenz auf ungarisch und sprechen Sie so zu ihr, sie öffnet sich schon." Jeder lächelte darüber, der Judex curiae öffnete auch auf ungarisch die Truhe, nahm die Krone heraus und zeigte sie vom Gange des Palastes aus der zusammengeschaarten Menge. Hierauf ward die Truhe vom Staube gereinigt und wieder geschlossen; als sie ein deutscher Lakai fegen wollte, sagte ein magyarischer Junker: Weg mit dir Deutscher, wie erkühnst du dich sie mit deiner deutschen Hand zu verunreinigen? Und hierauf fegte er sie selbst rein. — Abends war in Pest und Ofen auch das ärmlichste Haus beleuchtet und man

erblickte viele Malereien und Inschriften. Am Rathhause allein brannten 1000 Kerzen, und 50 Fässer rothen und weissen Weines flossen für freien Trunk; 1000 Hühner wurden unter die Armen vertheilt. Der Reichshofrichter Graf Zichy bewirthete die Magnaten, der Ofner Stadtrath tractirte den Adel. Des anderen Tages ward ein Te Deum laudamus mit allem erdenklichen Pomp abgehalten, wobei Herzog Joseph Battyány, der Reichsprimas und Erzbischof von Gran, den Gottesdienst in eigener Person abhielt. An diesem und noch an den folgenden zwei Tagen blieb in der Schlosskirche, unter der Obhut der drei Stände, die Krone unaufhörlich dem allgemeinen Anblicke ausgestellt. Nachdem drei Tage verflossen, wurden die Kleinodien verschlossen und die Comitate werden sie der Reihe nach bis zum Reichstage bewachen."...

Wir haben vielleicht über Gebühr der Heimreise der ungarischen Krone, nach den Aufzeichnungen Keresztesi's — Raum gegönnt, aber es schien uns aus doppeltem Grunde gerechtfertigt. Einmal darum, weil ein Magyare, ein genau unterrichteter Zeitgenosse, mit scharfem Blicke begabt, die Sache erzählt, und weil aus seiner Darstellung ein lebendiges Stück der Restaurationsepoche, reich an charakteristischen Zügen, vor unserm Auge sich abspielt.

Nicht minder dankenswerth, ja gehaltvoller und belehrender sind die Aufschlüsse, welche er uns von dem damaligen Leben und Treiben der Comitate bietet, und zwar in seinen Vormerken über die „z w e i t e Sitzung der Biharer Gespanschaft" [1]). Wir begegnen da den schroffsten Aeusserungen kernmagyarischen Autonomiegefühls, und der Erzähler liefert in seinen Urtheilen den besten Beweis für die Thatsache, dass er ü b e r diesem Treiben stand.

„Den 15. März", erzählt unser Gewährsmann, „hielt das Biharer Comitat abermals eine General-Congregation zu Grosswardein; der bisherige königliche Commissär, Graf Joseph Haller, legte sein Amt nieder, verabschiedete sich und ging aus der Versammlung. Seither galt er in Grosswardein als ein Landesverräther. Der Referent, Assessor und Präses des judicium subalternum verabschiedete sich gleichfalls. Letzterer, Georg Tokodi, sprach unter Anderem: Er sei genöthigt worden, dies ungesetzliche Amt zu führen, und er bitte diesfalls um Nachsicht; hätte er aber es nicht geführt, so hätte gewiss ein anderer, vielleicht schlimmerer Mensch dasselbe zum Schaden des Vaterlandes versehen; er aber könne sich dessen rühmen, wenn auch nicht genützt, so doch wenigstens keinen Schaden verübt und die Gesetze nicht verletzt zu haben."...

---

[1]) Keresztesi S. 203—222.

„Das kaiserliche „Rescriptum revocatorium et repositorium" (d. i. die Cabinetsordre, durch welche K. Joseph II. seine Neuerungen in Ungarn aufhob und sistirte) vom 28. Jänner ward verlesen und nach langer Debatte für ungesetzlich erklärt, da nicht der Fürst, der die nationale Freiheit verletzt und aufgehoben, sondern die Nation selbst das Recht habe, die angestammte gesetzliche Freiheit zurückzuführen. Schon Maria Theresia habe bei ihrem Hinscheiden Ungarn in keinem „legalen und verfassungsmässigen" Zustande zurückgelassen. Unter Joseph sei ein vollständiger Verfassungsbruch eingetreten, und da seine Herrschaft als keine gesetzmässige gelten könne, so wäre eine Verletzung und Unterbrechung der ungarischen Erbfolge eingetreten. Es sei mithin durchaus nothwendig, dass für den Mai d. J. der Reichstag einberufen werde." —

„Was die drei in dem k. Rescript vorbehaltenen Punkte (1. Toleranzpatent, 2. die Regulirung der Pfarren, und 3. die Verordnungen über die Grundunterthänigkeit) betrifft, insbesondere die „christiana tolerantia" in Rücksicht des Glaubens, so wiesen sie selbst die Protestanten einfach zurück, und dies aus dem Grunde, weil es in Ansehung ihrer Glaubensfreiheit Grundgesetze gäbe, aus einigen Friedensschlüssen erflossen, und daher bedürfe es keines Toleranz-Edictes!! Auf das hin schrieen die Papisten Vivat! und sagten: Wir sind Brüder! Mitbürger desselben Reiches! Wir umfassen unsere protestantischen Brüder mit brüderlicher Liebe, sie haben ihre Satzungen, sie mögen Gott den alten Reichssatzungen gemäss verehren u. s. w." . . .

Keresztesi verzeichnet nun den Wortlaut der Repräsentation des Comitates wider die drei vorbehaltenen Satzungen. — Man ging dabei von der Grundanschauung aus, dass die drei bezüglichen Angelegenheiten in Kraft des Reichsgesetzes von 1741 zu den Fundamentalrechten der Stände gehörten. In Hinsicht des ersten Punktes legte man den Hauptnachdruck auf die Wiener und Linzer Pacification der Jahre 1646 und 1647 (1645). — Bezüglich des zweiten Punktes wurde betont, dass seine Tendenz dem Rechte des römisch-katholischen Clerus und den Grundgesetzen, der Absicht der Stifter und Wohlthäter, ja selbst dem Eigenthumsrechte widerstreite. — Drittens gehöre die Urbarialreform innerhalb die ausschliessliche Befugniss des Reichstages und könne durch königliche Entscheidungen, ohne Verletzung des Eigenthumsrechtes und der Verfassung, nicht verfügt werden. Die Stände sind weit entfernt von jeder Bedrückung der Grundunterthanen, ja sie müssen erklären, dass in den vorhergehenden Jahren der Bauer nicht durch grundherrliche, sondern königliche Frohnen und Abgaben in das ärgste Elend gerieth.

Bezüglich des dritten Punktes macht unser Gewährsmann die Bemerkung, dass die ganze Darstellung „nur Honig um den Mund strich" und nicht viel Wahrheit enthielt: denn die Grundherren hatten keine andere Absicht, als die Unterthanen wieder „unter das thierische Joch der Dienstleistung" zu zwingen.

Ein sonderbarer und höchst bezeichnender Handel ereignete sich, als der neue Obergespan, Graf Samuel T e l e k i, sein Amt antreten sollte. Derselbe wandte sich an den damaligen Vicegespan, Carl Luby, in einem vertraulichen Briefe, worin er ihn aufforderte, alle kluge Sorgfalt aufzubieten, dass derartige „Excesse" nicht, wie schon einigemale, sich im Biharer Comitate ereignen mögen. Ausserdem schrieb Graf Teleki an die Gespanschaft einen „schönen, langen und kenntnissreichen" Mahnbrief in Ansehung der Getreide und Truppenstellung in dieser Kriegszeit." —

Bei der Nachricht von Teleki's Ernennung freute und beglückwünschte sich Alles. — Aber bald sollte das Blatt sich wenden.

Luby zeigte „entweder aus Unbedachtsamkeit oder weiter blickende Tücke" das vertrauliche Schreiben Teleki's auch Andern, „namentlich den Reformirten, wie dem Ludwig Domokos, Franz Rhédey, Daniel Menszáros und Tisza, welche schon zuvor mit besonderen Voreingenommenheiten erfüllt, jedes Wort missdeuteten." —

Keresztesi erklärt ihren Groll gegen den Grafen ausführlich und überzeugend. Nur Privatleidenschaften waren im Spiele. Ludwig Domokos überdies wollte Vicegespan werden. Da er aber reformirten Glaubens war und der neue Obergespan desgleichen, so fürchtete er, diesen Wunsch nicht verwirklicht zu sehen. Von Seiten der „Päbstlichen" galt wieder die Politik, dass kein Reformirter Obergespan werde, daher verbanden sie sich mit den Reformirten zu diesem Anschlage. — „Als nun alles wohl geplant und vorbereitet war, und die Comitatsversammlung in Scene ging (15. März), so brachte die Faction in ungesetzlicher Weise jenen Privatbrief zur Verlesung. Bei den Worten „Excesse mögen nicht vorfallen" knirschten viele mit den Zähnen. Zuerst warf Franz Rhédey den brennenden Zunder in den Strohschober, indem er den Grafen Teleki beschuldigte, er sei ein Despot gewesen; ihm secundirte (nach vorhergegangener Abmachung) Ludwig Domokos in einer langen Rede; Graf Teleki habe die commissarische Amtsgewalt gemissbraucht, habe zu seiner Zeit nicht erlaubt, dass die Stände „rescribirten", er sei kein guter Patriot u. s. w." Nach diesen langen ehrenrührigen Reden kam man zu folgendem Beschlusse: Die Stände und Orden nehmen den Hochgebornen Herrn Grafen Samuel Teleki als Obergespan nicht an, und zwar nicht blos deshalb, weil er vom ungesetzlichen Könige ernannt, sondern, und zwar zumeist darum, weil er sich zum Werkzeug der Unterdrückung der Freiheit Ungarns hergegeben habe."

Im Anschlusse an diese Aufzeichnung findet sich auch von den Feierlichkeiten in Grosswardein zu Ehren der Rückstellung der Landeskrone gehandelt. Unter anderm heisst es hier: „Neben dem Stadthause auf der Gasse war eine Triumphpforte aus Brettern errichtet und darauf die Ungarnkrone und andere Malerei zu sehen mit der flammenden Inschrift: Es wünscht das Reich seinen alten, angestammten, grossen Attila! Als ein Deutscher dies Bauwerk sah, frug er, ob dies vielleicht ein Galgen? Dafür wurde er alsbald niedergeworfen und erhielt 25 Stockstreiche!"

Originell war die Predigt des Szöllöser Pfarrers, Michael Kovács — der darin eine lange Historie von der ungarischen Krone zum Besten gab und dann über Alle herfiel, die nicht magyarisch sprächen und in fremdländischer Kleidung einhergingen. Der Redeschwall gipfelte in der Behauptung, „deshalb habe die Tugend auch derart gelitten, dass man in ganz Grosswardein mit der Laterne des Diogenes keine einzige Jungfrau oder ein Weib von reinem Lebenswandel hätte finden mögen. Diese Rederei lobten einige, die meisten aber machten sich darüber lustig: er aber fand dabei seine gute Rechnung, denn binnen wenigen Tagen darauf wurde er ein Domherr."

„In der Domkirche sah man zahlreiche Herrenfrauen in ungarischen Hauben, einige mit herabgelassenen Schleiern. Dann ging der Zug aus der Kirche stadtwärts. Man spielte dabei auf türkischen Pfeifen verschiedene Weisen, z. B. „Hei Rákóczy, Bercsényi, ritterliche Magyarenführer, Wohin geriethst Du Bezerédi, Glanzsterne unseres Volkes, Ocskai! u. s. w." — Man sieht, wie frisch noch gewisse Erinnerungen im Gemüthe der Alfölder hafteten; Erinnerungen an die letzte grosse Insurrection, deren Andenken die Klänge des Rákóczimarsches immer wieder auffrischten."

„Beim Comitats- und Stadthause, sowie beim Nonnenkloster sprudelten auf Gerüsten Weinfässer, um welche herum es sehr lebendig zuging. Viele schlichte Bauern erkundigten sich damals: „Warum jetzt die Herren so vergnügt seien?" Diese Frage beantwortete ein anderer mit den Worten: „Darum weil der König gestorben." — Natürlich fehlte es nicht an glänzender Stadtbeleuchtung, und allerlei Transparente gab es zu sehen. —

In der Sitzung des Comitates vom 17. März wurde von der Mehrheit ausgemacht, die Hausnummern zu löschen. Demzufolge wurde Herr Bogáti abgeordnet, dies „pro specimine" (des Beispiels wegen) an dem Comitatshause vor Allem durchzuführen. Ein Arrestant ward zu diesem Geschäfte ausersehen, den man damals „pro memoria" freiliess. Am meisten Tumult und Lärm verursachte aber die Katastergeschichte. Es ward beschlossen, die Vermessungsacten, „als zum Schaden der Nation berechnet", zu verbrennen. Aber wo? Das war die Frage. Einige wollten dies vor dem Comitatshause, andere neben der Körös, einige unter dem Galgen durchgeführt wissen. Endlich kam man dahin überein, dass dies jenseits der Steinbrücke, und zwar am Hinrichtungsplatze, ausgeführt werden solle, und so führte man Abends um 7 Uhr auf zehn Wägen alle Summarien und Mappen dahin und verbrannte sie mit Hohn und Spott; der Ordo judiciarius (Gerichtsordnung), die Normalien kamen auf den Scheiterhaufen; anderorten fanden die deutschen Kleider, Hüte u. dgl. ein solches Ende. „So ging die kostbare und lange Arbeit in Rauch auf." Die ganze Katastral-Commission ward aufgehoben und sammt den königlichen Commissären ein Gegenstand des Spottes, — der lateinische Gedenkvers lief damals von Mund zu Mund:

„Nocte una fungi creverunt! patria plaude!
Fungentes fungos sustulit una dies" [1]).

Aber auch unser Keresztesi trug ein Gelegenheitsgedicht in sein Tagebuch ein, das der Nation Besonnenheit empfahl. — Die weiteren Vorgänge in der Angelegenheit des Obergespans Teleki verstärkten seinen Unmuth über dies wüste Treiben. Graf Teleki begab sich nämlich den 23. März zur Audienz nach Wien, woselbst Grossherzog Leopold, Josephs Nachfolger, von Florenz eingetroffen war. Er fand die freundlichste Aufnahme und erhielt die Weisung, sein Comitat von der väterlichen Gesinnung des neuen Herrschers zu verständigen. Teleki beraumte für den 7. April eine General-Congregation der Biharer Gespanschaft an und eilte bereits am 5. April nach Grosswardein. Hier aber sollte er viele Unannehmlichkeiten verkosten. Als die Herren von seiner Ankunft unterrichtet wurden, eilten auch sie nach Grosswardein, versammelten sich beim Vicegespan Luby und beschlossen unter seinem Vorsitze, dass Niemand „bei Strafe der Aechtung" (sub poena infamiae) den Grafen Teleki besuche oder ihm irgend eine Ehre bezeuge. Als der Graf im Stadthause absteigen wollte, wurde dem Stadtrichter vom Comitate aus verboten, ihm ein Quartier zu geben. So wurde er gezwungen, im Lammwirthshause abzusteigen. Am 6. d. M. holte ihn der Grosswardeiner Bischof in seine Residenz ab und hier verweilte er unter den unangenehmsten Eindrücken bis zum 9. April. Unser Gewährsmann hatte

---

[1]) „Ueber die Nacht aufwuchsen die Pilze! Vaterland juble! Die fungirenden Pilze (ein Wortspiel im Deutschen nicht wiederzugeben) raffte von hinnen ein Tag!"

mit ihm drei Besprechungen. Die Officiere begaben sich alle dahin zur Begrüssung, ausser ihnen des Abends auch einige „furchtsame Nicodemusse." Graf Teleki schilderte die Güte des neuen Regenten, „dessen Gleichen es nie im Hause Oesterreich gegeben". Er beklagte auch den Umstand, dass Ungarn die Handhabe der eigenen Beglückung verwerfe u. s. w. „Graf Teleki schickte drei von Wien mitgebrachte Rescripte sammt der Beglückwünschung Luby's in Copie an das Comitat mit der Erklärung, dass, wenn man jene nicht zur Lesung kommen lasse, er noch an demselben Tage eine Staffette nach Wien entsenden werde. Als nun die Comitatssitzung begann und das Protokoll pro forma gelesen werden sollte — erhob sich Michael Báranyi mit den Worten: „Lassen wir das, denn es sind hier einige neugesiegelte Briefe, freilich nicht am gewöhnlichen Postwege angelangt, aber lasst uns dennoch hören, was sie besagen; denn vielleicht mögen unter ihnen auch Befehle sein." Einige wollten sie ungelesen zurückschicken, aber es kam endlich zur Verlesung, und zwar nahm man vorerst den Brief des neuen Königes vor, worin zunächst die Stände zu allgemeiner Trauer über den Tod Josephs aufgefordert und die bündigsten Versicherungen ertheilt wurden, dass sein Nachfolger die Stände in ihre volle Freiheit zu versetzen, den Reichstag abzuhalten, die Gesetze zu beschwören, sich krönen zu lassen u. s. w. bereit sei. Daran dachten die „Tollköpfe" gar nicht, sondern schlugen Lärm über den Eingang des Rescriptes; Nos Leopoldus II. Dei gratia Hungariae, Dalmatiae, Croatiae Rex apostolicus . . . und ebenso über ganz gebräuchliche Worte, wie: mandamus, praecipimus, secus non facturi [1] . . .

Man führte die ungebührlichsten Reden und beschloss endlich, Leopold II. bis zu seiner Krönung nicht als König anzuerkennen. Einen noch grösseren Lärm erzeugte aber das schmeichelhafte Bestallungsdiplom des Grafen Teleki und das empfehlende Schreiben der Hofkanzlei. Franz Rhédei erhob sich und sagte: „Achtbare Stände! Es wäre unser unwürdig, jetzt unsere kürzlichen Beschlüsse zu ändern, worin wir die Nichtanerkennung des Grafen Teleki feststellten." Domokos secundirte ihm und schrie wild: Man möge auf diesen Beschlüssen beharren, ihn nicht acceptiren, er möge in das Reich gehen, wenn er ein Reichsgraf; sein Grossvater habe auch Siebenbürgen verrathen etc. — Herr Luby, der Vicegespan, erklärte; das sei aber die Frage: ob jetzt nicht — oder auch nicht nach der Krönung; darauf ward beschlossen: dass weder jetzt noch später je dies nothwendig sei. Man schrie dabei: „Wer damit nicht einverstanden sei — möge sich entfernen, die Thüre stünde offen, —

---

[1] Wir Gebieter, befehlen, ... Niemand darf dem zuwiderhandeln.

aber wir wissen, dass kein mannhafter Adeliger hinausgeht. No — gehe hinaus der, dem der Graf Teleki am Herzen liegt." Johann Német und Carl Dervay sprachen einige Worte, es möge abgestimmt werden : aber denen ward gleich der Mund verstopft und Infamie an den Hals geworfen. Die wüthende Versammlung machte alle jene verstummen, die es gut mit dem Grafen meinten."

Unter andern zog sich auch Keresztesi einen unerquicklichen Disput zu mit einem solchen Lärmer, Namens Doholoczky, einem Slavonier, der den „unerträglichen Blödsinn" zum Besten gab, so die Behauptung: „Leopold sei unwissend, er verstünde nicht Latein, er lasse es dabei bewenden, was die Audern sagen; er könne nicht schreiben, der Kanzler gebe allein seinen procator (Wortführer) ab, seine Befehle brauche man nicht anzunehmen."

Kurz gesagt, das Biharer Comitat wollte von dem neuen Obergespan nichts wissen, beschloss eine neue Repräsentation und ordnete ein Quatuorvirat zur Candidirung der Comitatsbeamten an, zwei Katholiken und zwei Reformirte. — Teleki reiste am 9. April von Grosswardein nach Wien.

Unser Gewährsmann ist auf all' diese Vorgänge schlecht zu sprechen. Auch die Haltung des Debrecziner Clerus seines Bekenntnisses missfällt ihm. „Er war", lauten die Worte, „wie ein Dudelsack, der mit dem Winde pfiff, dem ihm Ludwig Domokos einblies."

In dieser unwirschen, sorgenvollen Stimmung verzeichnet Keresztesi unter der Aufschrift: „Privatgedanken auf diese Zeit bezüglich" [1] — eine Reihe von Betrachtungen, mit deren Auswahl wir unser Capitel schliessen wollen:

Zunächst bringt er die kluge Taktik des katholischen Clerus zur Sprache, der mit lauter Lobeserhebungen die Protestanten einfädeln und einschläfern wollte. Den Akatholischen erginge es so wie der Katze in der Fabel, die für den Affen die Kastanien aus dem Feuer holen müsse. Leicht könne es den Protestanten ergehen wie weiland Absolon [2].

„Es gibt nichts wilderes", lauten Kereszti's Worte, „als ein Volk, das sich in seinen alten Freiheiten und Satzungen verletzt fühlt oder nur einbildet. Eine kurze Zeit glimmt allerdings das Feuer unter der Asche, aber dann schlägt umso rascher die Flamme heraus. Man kann eine Feder biegen, aber wenn die sie drückende Kraft plötzlich schwindet,

---

[1] Keresztesi S. 222—228. Den Schluss bildet ein versificirter Warnungsruf für die ungarischen Protestanten.

[2] „Manch-Hermäon" in Grellmann's statist. Aufklärungen I. S. 263—4 paraphrasirt scharf diese kluge Taktik der Katholischen.

da springt sie weit über den alten Fleck hinaus. Eben dies konnte man jetzt an den Ungarn gewahren, bei welchen sich so rasch die Weissagung des Grafen Joseph Teleki erfüllte, der von Kaiser Joseph II. befragt: „was er von seinen Neuerungen halte", zur Antwort gab: „Was jetzt Euer Majestät den Magyaren mit Gewalt nimmt, werden diese mit um so grösserem Ungestüm von Ihren Nachkommen zurückfordern."

Die Pietät der Magyaren für ihre Gesetze habe das rechte Maass bereits weit überschritten; der vernünftige Eifer sei blind geworden. „Deshalb wissen sie schon nicht mehr, was sie verlangen und gewinnen wollen, wenn nicht die Aristocratie." . . . „Sie selbst sind ihre Götzen geworden und zwar solche, die Augen haben und nicht sehen, Ohren und nicht hören."

„Ein Wahrspruch ist's: Omne nimium nocet (Allzuviel ist ungesund); davon hat sich auch mein Vaterland zu hüten, das in Allem zu weit geht: bisher schämte sich der Magyare — nicht deutsch zu sprechen, jetzt aber hasst er das Volk, in dessen Sprache es redete; noch vor Kurzem schämte sich der Magyare in nationaler Tracht einherzugehen; nur selten konnte man auch ein rechtschaffenes Ungarnkleid erblicken; jetzt aber hat der Kleiderenthusiasmus alle derart fortgerissen, dass man nicht mehr das Tuch verschnürt, wohl aber die Verschnürung mit Tuch besetzt. Es gibt keine Hose, keine Mente, keinen Dolman, worauf nicht dreihundert Reihen Gold- oder Silberknöpfe darauf wären, so dass, wenn sie abspringen, man sie zweifelsohne nicht erneuern kann. Die Sporen sind von Silber und Gold, die Czismen mit Steinen und Perlen überladen, die Gewerbsleute bereichern sich, so dass jetzt kein Schuster ein Doctor, sondern der Doctor ein Schuster zu sein wünscht. Wird so das Glück des Vaterlandes zuweggebracht? Jetzt zur Zeit, wo das Franzosenvolk alle Gold- und Silberwaare zu Geld machte, um sein Vaterland zu beglücken, lässt der Magyare Alles auf sein Gewand vernähen, und wie die neu entdeckten Amerikaner trägt er den Spiegel auf dem Rücken. In den Zeiten Franz Rákóczi's, als in der Tyrnauer Versammlung der englische und holländische Gesandte anwesend waren und die Kuruzzen zum Frieden aufforderten, sagte Bercsényi: „Wir können auch so eine freie Genossenschaft sein, wie Holland; worauf Hamel-Brüninx erwiederte: Nos quando contra Hispanos bellum per 84 annos gessimus, omne nostrum aurum et argentum in pecuniam conflavimus; vos autem in podice (!) vestro gestatis" [1]. — So verhält es

---

[1] Wir, als wir durch 84 Jahre den Krieg gegen die Spanier führten, liessen all' unser Gold und Silber in Geld verschmelzen; ihr aber trägt es auf dem H . . . . . m herum.

sich auch jetzt mit dem Suchen nach der nationalen Libertät; auch
jetzt wird es solche Amadeusse geben, welche auf dem Rücken ihre
Dörfer in die Landtage tragen werden."

„So wie Gott niemals die Hoffart, Prunksucht und andere über-
wuchernde Sünden billigt, so lässt sich entnehmen, dass der Ungar alsdann in dem Kothe stecken bleiben wird, in welchem er stack, dass er
ein rastlos klagendes, unglückliches Volk sein wird [1]). Denn in der That:
concordia res parvae crescunt, discordiae maximae dilabuntur [2]). Hier
aber herrschen jederzeit Parteiungen, gegenseitige Anfeindungen, Miss-
gunst unter allen Ständen.

Der Magyare erhebt sich brüstend in seinen überwuchernden
Fehlern über andere Nationen; besonders der Protestant liebt nicht Gott,
seinen Glauben, seine Priester, dies sehen die Papisten und bestreben
sich umso mehr den andern Glauben als eine herrenlose Sache (rem
nullius) zu unterdrücken. Und so lässt sich dem gerechten Urtheile
Gottes zufolge nicht erwarten, dass der Ungar ein Ganzes ausbauen
werde; schon jetzt liegt die Gefahr sehr nahe, dass: parturiunt montes:
nascitur ridiculus mus" [3]).

Hier nehmen wir Abschied von unserem Gewährsmanne. Noch
böte sein Buch des weitern genug an belehrendem Inhalt [4]); aber das
allein, was wir ihm bisher entnommen, dürfte genügen, um ein meist
richtiges, scharfgezeichnetes Bild der Zustände Ungarns, im Wendepunkte
zweier Epochen, zu erhalten.

---

[1]) Vgl. die schneidige Kritik der überschwenglichen magyarischen Re-
staurationsgelüste in dem schon angeführten „Manch-Hermäon" besonders
S. 389 und in dem Pamphlet: „Ninive; fortgesetzte Fragmente über die der-
maligen politischen Angelegenheiten in Ungarn 1789. Auch im römischen Reich
gedruckt."

[2]) „Durch Einheit erstarkt Geringes;
    Zwietracht zerstört das Grösste."

[3]) Der bekannte Horazionische Spruch: „Berge kreisen in Wehn — was
kommt? ein lächerlich Mäuschen."

[4]) Die Aufzeichnungen Keresztesi's schliessen mit dem J. 1809, mit Na-
poleons Proclamation an die Ungarn d. von Schönbrunn 15. Mai. Eine sehr
detaillirte Erzählung dreht sich um den Ofner Reichstag des Jahres 1790, wohin
K. als Abgeordneter seiner Glaubensgenossen sich begab. (Diarium itineris Bu-
densis Mai—Oct. 1790. S. 237—335.) Die Jahre 1791—1809 füllen die Seiten
238—408 aus.

IV

Ungarisches Kirchenwesen in den Tagen Maria Theresias und Josephs II.

1. Kirchliches Leben in den Jahren 1740—1773, mit besonderer Rücksicht auf den Protestantismus und die griechisch-unirte Kirche.

Die Stellung der Glaubensbekenntnisse im Staate und in der Kirche hatte seit den Tagen Carls VI. eine scheinbare Stetigkeit erlangt [1]. Den Akatholiken ward eine beschränkte Duldung gewährt und anderseits das Privilegium der katholischen Kirche in seiner Unanfechtbarkeit sichergestellt. Aber eben darum war jene Stetigkeit auch nur scheinbar. Den Akatholiken war die Fessel unleidlich. Man sah sie im Sommer 1742 den Weg zur Königin einschlagen und an höchster Stelle ihre Beschwerden vorbringen, aber ohne gewünschten Erfolg. Zu den Gegenständen dieser Beschwerden zählte die reichsgesetzliche Fassung des Landtagseides, die dem confessionellen Bewusstsein der Akatholischen widerstrebe, und die ungünstige Haltung des k. ungar. Statthaltereirathes den protestantischen Angelegenheiten gegenüber. Künftighin wollten sie ihre Glaubensbeschwerden dem kaiserlichen Hofrathe, und zwar im Namen der gesammten Bekennerschaft, nicht als vereinzelte Privatkläger, vorbringen.

Die Regierung ward auf die Auswanderungsgelüste aufmerksam, die sich im Kreise der protestantischen Landessassen regten und fand es angezeigt, dawider (19. April 1743) einzuschreiten; es waren dies offenkundige Symptome confessioneller Unzufriedenheit.

Dem Katholicismus dagegen schien der eigene Lebenskreis durch den Akatholicismus noch immer beschränkt, und so suchte er ihn denn dadurch zu erweitern, dass er in einzelnen Gemeinden den Bestand des Protestantismus geradezu bekämpfte [2]. Dies war dort thunlich, wo der Bestand einer akatholischen Kirche durch das Reichsgesetz von 1681

---

[1] Die beste Zusammenstellung von katholischer Seite b. Katona hist. crit. II. XXXIX. Bd., von protest. Seite in (Grellmann's) histor. stat. Aufkl. II. 45 ff. Auch Fessler G. d. U. 10. S. 361 f. gibt ausführliche Erörterungen.
[2] Dies gesteht auch Katona zu a. a. O. S. 345 f.

nicht verbrieft oder inarticulirt war. Auf solche Weise konnte man gegen die protestantischen Filialkirchen auftreten, und der Staatsrath Maria Theresias erklärte diesfalls 1750 ausdrücklich, die Evangelischen hätten kein Recht Filialen zu besitzen [1]). Hie und da kam es somit auch zu gewaltsamer Besitznahme von protestantischen Kirchen. Wie uns eine unverfängliche Quelle, die Zebner Piaristenchronik, erzählt, wurde beispielsweise in Siebenlinden, (Héthárs), einer Ortschaft im Schároscher Comitate, die katholische Gegenreformation mit allem Machtaufgebote durchgeführt, obgleich das genannte Dorf bis auf drei Häuser ganz protestantisch war. Es ging dabei auf ein Haar so zu, wie im Jahre 1747 zu Poluma, in der gleichen Gespanschaft. Die katholischen Grundherren, Berzeviczi, besetzten in Gemeinschaft mit dem Pfarrer von Berzeviczy die dortige Kirche in gewaltsamer Weise. Am Dreifaltigkeitsfeste reoccupirten die Protestanten die entrissene Kirche. Aber die Berzeviczi's bedienten sich der Comitatshaiduken und brachten das Gotteshaus abermals in ihre Hände. Aehnliches geschah in Daróc z (1752), woselbst Carl Dubay mit zwölf Hajduken einschritt, und (1751) zu Szántó in der Zempliner Gespanschaft, dessen Grundherr, Trautsohn, durch seinen Bevollmächtigten Dujardin die Kirche den Evangelischen entreissen liess [2]).

Die Regierung liess es allerdings an Verboten solcher scandalösen Auftritte nicht fehlen, aber man war gerade im Bereiche der confessionellen Verhältnisse nur zu sehr gewohnt, papierne Befehle der Oberbehörden „cum respectu ad acta" zu legen — und das Schild der Comitats-Autonomie entgegenzuhalten.

Von besonderem Gewichte war ein analoger Fall in Kaschau. Die Hauptkirche dieses Vorortes war nach wechselvollen Geschicken in den Alleinbesitz der herrschenden Confession, der katholischen, gerathen. Da wollten um das Jahr 1747 die Protestanten das kleinere anstossende Kirchlein, zum h. Michael, seit den Bürgerkriegen wüst und unbenützt, eingeräumt erhalten. Aber der Stadtrath beeilte sich das kleine Gotteshaus reinigen und herstellen zu lassen, um es sodann den Katholischen zu übergeben [3]).

Es waren dies sämmtlich Fälle, für die wir nicht wohl die Absicht der Regierung, sondern vielmehr den Glaubenseifer der autonomen Körperschaften und einzelner Grundherren verantwortlich machen können.

---

[1]) (Grellmann's) stat. Aufkl. II. 53 f. Majláth's: Die Religionswirren in U. Regensburg 1845. I. Band bietet für die ganze Zeit so viel wie nichts.

[2]) S. die handschr. Chronik der Zebner Piaristen in der Schároscher Gespanschaft; das Ereigniss von Poluma b. Katona a. a. O. S. 345—7.

[3]) Handschr. Chronik der Stadt Kaschau (Kassai századok „Kaschauer Jahrhunderte").

Ereignisse dieser Art mussten in den Kreisen der Akatholischen erbitternd wirken. Man klagte immer lauter über Kirchenraub. Seit 1681
bis 1749 seien im Ungarlande 141 Kirchen den Evangelischen gewaltsam
entrissen worden [1]. Der Ausdruck Raub war allerdings juristisch nicht
stichhältig, denn eben das Reichsgesetz vom Jahre 1681 bot dem katholischen Theile die Handhabe zu solchen Massregeln, aber die gewalt-
same Ausrottung bestehender, oft langeher eingelebter, confessioneller Zustände widerstritt der Billigkeit, beleidigte den Akatholicismus, ohne ihn
bleibend einschüchtern zu können, und gab örtliches Kirchenwesen ge-
hässiger Willkür Preis. Privatleidenschaften trübten gar gewaltig den
Glaubenseifer und führten zu unverantwortlichem Vandalismus.

Etwas derartiges fiel z. B. um das Jahr 1753 in Leutschau
vor [2]. Bis dahin befand sich nämlich in der Pfarrkirche daselbst das
schöne Thurzonische Grabmonument. Es war ein Gegenstand städtischer
Pietät. Die Thurzos spielten eine Hauptrolle im bürgerlichen Leben der
Zips, sie waren in ihren bedeutendsten Männern des 16. und 17. Jahrhunderts eifrige Verfechter des Protestantismus. Wir begreifen, dass dies
für katholische Gesinnung nicht sehr erbaulich war, aber der unan-
gefochtene Bestand des Grabmahls durch so lange Zeit und seine sonstige
Bedeutung waren gewichtige Gründe für eine Schonung. Es war jedenfalls nicht tactvoll, dass der Pfarrer Martin Engelbert, mit Zustimmung
des Primas, Grafen Nicolaus Csáky, das Monument abbrechen und die
Grabsteine neben dem Taufsteine in die Mauer versetzen liess, dass die
Grüfte geöffnet, mehrere Grabsteine abgeschlagen oder doch abgeschliffen
wurden.

Im anderen Lager ward dies Ereigniss natürlich durch's Ver-
grösserungsglas betrachtet und die ganze Restauration der Kirche als
Feldzugsplan gegen die pietätvollen Erinnerungen der Akatholischen angesehen. Groll und Furcht überflügelten bei dem angegriffenen Glaubens-
theile die wirkliche Gefahr, und ihm erschien leer und ohnmächtig das
Wort der Königin v. J. 1742, 1745, womit sie ihre landesmütterliche
Huld allen Unterthanen zusichert, welchen Glaubens sie auch sein mögen [3].
In dem gleichen Maasse wuchs aber auch die Zähigkeit des örtlichen
Widerstandes der Akatholiken. Sie waren eben die „streitende Kirche"
im Lande, die alle Kräfte zusammenraffen musste. Die drei Vorstellungen,
oder Instanzen, welche im Jahre 1774 dem Wiener Hofe von den Pro-

---

[1] Grellmann's stat. Aufkl. II, 56, 58. Fessler Gesch. der U. X. 364—5.
[2] Die handschr. Leutschauer Stadt-Chronik.
[3] Mandat v. 24. Dec. 1742; 28. Juli 1745. Vgl. Katona a. a. O, S. 239.
Fessler X. 364—5.

testanten Ungarns unterbreitet wurden, können uns am besten über den Gesammtinhalt der Beschwerden dieser streitenden Kirche belehren. — Hier mögen nur bedeutsame örtliche Erscheinungen im kirchlichen Leben Oberungarns zur Sprache kommen, wie sie eben diesem Zeitraume angehören.

Wir sehen schon während der rákóczischen Epoche, wie beharrlich zum Beispiel — in dem alten deutschen Vororte, in B a r t f e l d, der Protestantismus sich seiner Haut wehrte, wie nach dem Szatmárer Frieden ein heftiger Kampf in Scene ging, wie man den Akatholischen von Seiten des Comitates und der Rechtsbehörde das Bethaus zu entziehen bemüht war. Nicolaus Szirmay verfocht damals mit Geschick und Entschlossenheit, als Abgesandter der Bartfelder Protestantengemeinde, das Articularrecht der Stadt. 1735, in den letzten Jahren Carls VI., reiste Sigmund Keler, als Bote der verarmten evangelischen Genossenschaft, nach Deutschland, um hier im Mutterlande des Glaubens, milde Spenden zu sammeln. Er brachte 2204 Gulden nach Hause [1]).

Im Jahre 1743 versuchten die Protestanten in E p e r i e s eine Synode zu Stande zu bringen. Aber der Magistrat wehrte diesem Vorhaben und des „Teufels Synagoge", wie die Eperieser Franziskanerchronik, mit frommer Entrüstung, diese Zusammenkunft der Evangelischen betitelt, musste nach K ä s m a r k verlegt werden [2]). Die Protestanten rührten sich überhaupt mit der ihnen eigenen Ausdauer und brachten hin und wieder die Regierung auf ihre Seite. So ward um's Jahr 1742 den B a r t f e l d e r Predigern der Besuch der Kranken und Gefangenen ihres Glaubens innerhalb der Stadt gewährt [3]). 1746 (20. April) gestattete Maria Theresia den ausgewiesenen lutherischen Prädicanten die Rückkehr nach E p e r i e s [4]).

Natürlich setzte es da bald lebhaften Streit ab zwischen den geistlichen Führern der beiden Glaubensparteien. Jesuiten und Pastoren geriethen hart an einander, und der Prediger der akatholischen Slavengemeinde, Martin Basil, machte seiner Erregtheit Luft in einer Schrift gegen die römische Kirche, welche ihm Haft und gerichtliche Untersuchung zuzog. Für den Ausgang bangend, floh er 1747 nach B r e s l a u und säumte nicht, eine Geschichte der eigenen Leiden und der Lebenslage seiner Glaubensgenossen im Ungarnlande für die Oeffentlichkeit ab-

---

[1]) H o r n y á n s z k y: Protestant. Jahrbuch für Oesterreich 1858. (Aufsatz v. Pastor J u s t h über die protest. Gemeinde zu Bartfeld).

[2]) H a n d s c h r. Hauschronik der E p e r i e s e r Franziskaner.

[3]) Hornyánszky's protest. Jahrb.

[4]) Handschr. Hauschr. der Eper. Franziskaner. K. A. M e n z e l: Neuere Gesch. der Deutschen. XI. Bd. 18.

zufassen. Dieser Schmerzensschrei wiederhallte in weiten Kreisen und blieb gewiss nicht ohne Einfluss auf die damaligen Vermittlungsversuche des preussischen Hofes bei dem Wiener zu Gunsten des protestantischen Glaubens. Als Pastor zu Arnsdorf bei Strehlen gerieth er nachmals, wie der siebenjährige Krieg entbrannte, in österreichische Gefangenschaft, wurde nach Wien und von da auf den Spielberg bei Brünn gebracht. Friedrich II. verschaffte ihm die Freiheit.

Ueberhaupt gab es kein anderes Mittel zu Gunsten des Protestantismus, als der unmittelbare Weg zur Person der Regentin; denn ein anderer, mittelbarer, führte nicht zum Ziele. Dies war denn auch begreiflicherweise den Führern der extremen katholischen Partei ein Dorn im Auge, und dem Aerger darüber gab der Bischof Martin Bimó von Veszprim Ausdruck in einem Buche unter dem bezeichnenden Titel: „Handbuch von dem Glauben, von Erzketzern und ihren Anhängern; überhaupt von Abtrünnigen, von den Verordnungen und Gesetzen der Kaiser und Könige wider die Störer der katholischen Kirche; den in Ungarn wohnenden Nichtkatholischen, welche sich in Sachen der Religion an Maria Theresia gewendet haben, statt der Antwort, aus christlicher Liebe (!) dargeboten!" Diese ziemlich starke Druckschrift, 1750 zu Raab gedruckt, war eine Brandschrift, die im andern Lager zünden musste [1]).

Das Ereigniss, welches dem eifernden Kirchenfürsten von Veszprim Anlass gab, seinen geharnischten Fehdebrief wider den ungarischen Protestantismus abzufassen, war eine Deputation der Lutheraner und Calviner des Karpatenlandes an den Wiener Hof. Sie bestand, was den erstgenannten akatholischen Glaubenstheil betrifft, aus den Herren Gabriel Pronay, Alexander Podmanicky, Stephan Szirmay; während die Reformirten als ihre Vertreter Abraham Vay und Gedeon Raday abgesendet hatten. Zu diesen fünf Hauptpersonen gesellten sich noch sechs andere Bevollmächtigte. Die eilf Deputirten machten sich im Jahre 1749 auf den Weg. Der damalige ungarische Hofkanzler, Graf Leopold Nádasdi, liess sie ziemlich hart an, und die Kaiserin-Königin verhehlte bei der Audienz ihren Unmuth nicht über die Taktik der ungarischen Protestanten, sich hinter die Vertreter der protestantischen Mächte am österreichischen Hofe zu stecken; weiterhin äusserte sie sich freilich gnädiger, aber wesentlichen Erfolg hatte die Gesandtschaft nicht, und

---

[1]) Enchiridion de fide ... Jaurini (Raab) 1750. 4° 208 SS. Fessler's Urtheil: G. d. U. X. S. 370 ... Das bezügliche Breve P. Benedict. IV. v. 14. Nov. 1750 b. Katona hist. crit. II. XXXIX. 378—9. Ueber das Folgende: Arneth: Maria Theresia nach dem Erbfolgekriege. 1748—1756. Wien 1870. 570 SS. S. 52 f. K. A. Menzel: N. G. d. D. XI. Bd. S. 17 ff. Fessler, 371.

der Hofkanzler sagte ihr gerade heraus: Gemeinschaftliche Klagen seien verboten und der Regentin missfalle die Menge der Abgeordneten.

Der Billigkeitssinn Maria Theresias war jedoch weit davon entfernt — einen Fanatismus, wie ihn Biró's Buch athmete, als berechtigt anzusehen und den Beschwerden der Akatholischen das Ohr zu verschliessen. Schon politische Rücksichten liessen dies nicht räthlich erscheinen. Der preussische, holländische und englisch-hannoveranische Gesandte vertraten mit Entschiedenheit die Sache der ungarischen Glaubensgenossen, und K. Friedrich II. schrieb an den Breslauer Bischof, Grafen Schaafgotsch, derselbe möge den ungarischen Kirchenfürsten andeuten, er würde in ihrer Unduldsamkeit gegen Andersgläubige den Anstoss zur gleichartigen Behandlung der Katholischen in seinen Landen erblicken. Schaafgotsch erklärte, offenbar den Anschauungen des Königs entsprechend, er habe, um einen thatsächlichen Erfolg zu erzielen — das königliche Schreiben dem römischen Stuhle bekannt gemacht. Benedict XIV., durch den Hinweis des Königs von Preussen geschreckt, er könnte versucht werden, gegen katholische Würdenträger in gleicher Weise zu verfahren, gab dem Nuntius in Wien versöhnliche Weisungen.

Günstiger konnte sich daher der Erfolg einer zweiten Deputation von eilf Adeligen gestalten, die an dem Hofkanzler Franz Eszterházy und dem Secretär Izdenczi wohlwollende, besonnene Rathgeber und Fürsprecher erwarb und am 3. August 1750 bei Maria Theresia freundliches Gehör erwartete und fand. Die Herrscherin wies jede Unduldsamkeit in Glaubenssachen, als ihrem Wesen und Berufe fremd — zurück.

Aber sie verbot anderseits mit aller Schärfe jede Berufung an das protestantische Ausland, alle Unruhestiftung, und sprach sich sehr strenge über den Abfall vom katholischen Glauben aus. Sie gab den Abgeordneten die Weisung, die ungarische Statthalterei künftighin nicht zu umgehen und nur im Falle der Rechtsverweigerung an die Krone sich zu wenden. Man habe fortan bei solchen Verhandlungen Agenten zu verwenden. Die Abgeordneten sollten sich so bald als möglich aus der Stadt entfernen und jedem Anlasse zu schiefen Meinungen ausweichen. Doch ward den Protestanten noch eine andere Genugthuung zu Theil. Bischof Biró erhielt abmahnende Weisungen; sein Buch wurde verboten und mit Beschlag belegt. — Die gute Absicht Maria Theresias vermochte jedoch dem Glaubenskriege in That und Wort kein durchgreifendes Halt zu gebieten.

Dieser Krieg warf immer mehr Verbitterung in die Gemüther der Protestanten, je drückender ihnen der Revers bei gemischten Ehen, die Schulverfassung, das Stolenrecht und die Kirchenpolizei des Katholicismus

erschien. In letzterer Beziehung gab es ein Verbot, akatholische Friedhöfe mit Mauern zu umgeben, Mandate, die katholischen Feiertage zu
heiligen, die wöchentlichen Betstunden in einem Zimmer des Pfarrhauses
abzuhalten, den Prozessionen des herrschenden Glaubensbekenntnisses
beizuwohnen. Ein scharfe Censur überwachte den Druck akatholischer
Bücher, Statthaltereibefehle erschwerten den Besuch ausländischer Lehr-
anstalten u. s. w.

Wir haben bisher nur die eine Seite dieses Krieges, und zwar den
unmittelbaren Angriff auf den örtlichen Bestand des akatholischen Kirchenthums, sowie die Gegenwehr des Protestantismus in einzelnen Thatsachen
kennen gelernt. Aber eine zweite noch wichtigere Seite dieses Kampfes
lernen wir kennen, die über ungleich wirksamere Waffen gebot, es ist
dies einerseits die scharfe Ahndung der Apostasie, anderseits der
Bekehrungseifer der herrschenden Kirche.

Die Hofresolution v. J. 1749 stellte den förmlichen Inquisitions-
process fest. 1. Ob der Apostat von katholischen oder protestantischen
Eltern stamme? 2. Ob er von Kindheit schon katholisch war oder erst
durch Bekehrung? 3. Wann, wo, auf wessen Rath oder aus welchen Beweggründen er apostasirte, und wie alt er damals war? 4. Ob er nicht
ein feierliches Glaubensbekenntniss ablegte? 3. Ob er nicht einstmal die
Haltung des katholischen Glaubens eidlich gelobt habe und wie oft?
6. Ob er nicht seine oder seiner Frau oder die Kinder Anderer, die in
seiner Gewalt waren, akatholischen Schulen zuwandte und ein oder das
andere Mittel gebrauchte, sie vom Lichte des wahren Glaubens abzuhalten? 7. Ob, wo und wann und mit welchen Rathschlägen und Gründen
er auch Andere zur Apostasie brachte? 8. Wie oft er vom wahren
Glauben abfiel?

Seit den Tagen Peter Pázmán's, des bedeutendsten Gegners, der,
als Convertit, Schriftsteller und Kirchenfürst, dem Protestantismus im
Schoosse des katholischen Hochclerus erwachsen war, bestanden reich
dotirte Vereine, die sich die Proselytenmacherei zur Aufgabe stellten.
Die Gesellschaft des h. Stephan, des h. Joseph, der gesternten Adels-
genossen von Kis-Dömölk waren in den Jahren der Regierung Maria
Theresias, 1740—1780, ungemein — und mit Erfolg thätig. Sie hingen
in ihrem Wesen und Zwecke mit der römischen „Congregation" zur
Verbreitung des Glaubens zusammen. Der Convertitenfond soll um das
Jahr 1743 bereits 168.600 fl. ausgemacht haben [1].

---

[1] Ueber das Gesagte Katona. Grellmann's statist. Aufkl. a. a. O. Historia ecclesiae evangelicae Aug. conf. addictorum in Hungaria universe,
praecipue vero in XIII. opp. Scepusii. Halberstadt 1830; S. 57 ff.

Nicht minder thätig bewiesen sich die geistlichen Körperschaften oder Orden, — vor Allem der der Jesuiten, der Hauptträger der weitverzweigten und thätigen Marienbrüderschaften (sodalitas Mariana), welche die angesehensten Magnaten zu ihren Förderern zählten, und ihre starken Wurzeln in den Conventen des Ordens schlugen ¹).

Die Hauschronik der Homonna-Unghvárer Jesuitenresidenz gibt uns die besten Aufschlüsse über die unermüdliche Rührigkeit der Väter Jesu im Bekehrungskampfe, über das Planmässige ihres Handelns in der Gesellschaft so gut wie in der Schule.

Es bietet sich uns an dieser Stelle die Gelegenheit, auf die wohl berechneten Schachzüge hinzuweisen, deren sich die Väter der Gesellschaft Jesu bedienten, um mit Erfolg unter den Protestanten Bekenner zu werben. Der Hauschronist, Magister Rogács, Professor der Rhetorik und Poesie, machte darüber folgende handschriftliche Geständnisse (zu den Jahren 1747—1751): „Man verwendete grosse Sorgfalt auf die Zurückführung der Ketzer in den Schooss der Kirche, und es stand in Aussicht, dass, wenn es nicht einen gewissen Mann von Ansehen, Wissenschaft und Bildung, sowie vom Rufe der Tüchtigkeit gäbe, Mehrere sich mit der Fürstin und Meisterin des Erdrundes, der katholischen Kirche, aussöhnen würden . . . Die Väter (der Gesellschaft Jesu) dachten darüber viel und lange nach und hielten endlich dafür, man müsse die Axt an die Wurzel legen und das Ansehen dieses Mannes schmälern, was voraussichtlich war, sobald er seiner Würde verlustig ginge!!

Dieser Plan konnte jedoch nicht so leicht verwirklicht werden. — „Endlich wurde es für das Beste erachtet", heisst es weiter, „wenn man in Pressburg irgend eine diesfällige Verordnung anstrebe." Gesagt, gethan, man schreibt, der Mann von grossem Ansehen wird angegangen, gezeigt, wie sich auf ihn das Ketzerthum stütze, die Art und Weise, wie man ihn stürzen und aus dem Sattel heben könne, ihm zu verstehen gegeben, endlich Bitten angewendet, dass er seine werkthätige Hilfe nicht verweigern möge.

Alles nahm bisher einen günstigen Verlauf, wie wir ihn selbst am wenigsten verhofften. Ein Decret erscheint, wonach den Akatholischen der Weg zur Stufenleiter der Würden und Aemter verschlossen sei. Und je höher die Einen auch schon gestellt wären, desto eher sollten sie auch ihrer Aemter enthoben sein; die Veranlassung des Decretes sollte aber nicht bekannt werden, deshalb schickte man es auch an die übrigen benachbarten Comitate. Als fortan, wie es den Anschein hat, die Sache einen solchen Fortgang nahm, bestrebte sich der Fürst der

¹) Vgl. Fessler X. 341 . . .

Finsterniss, den Sturz seiner Hoffnungen gewahrend, die ganze Sache aus den Angeln zu heben, was er leicht vollbringen zu können glaubte, wenn jene Verordnungen nicht an's Licht träten; und sie wurden auch bisher nicht veröffentlicht, was eben die andere Gelegenheit bot, ein zweites Decret zu fordern, damit jene Verordnungen publicirt würden [1])".

Die Zahl der Convertiten des Homonna-Unghvárer Bezirkes wird bis zum Jahre 1747 auf 388 veranschlagt. — Als Zweck der Jesuitenschule in Ungvár wird z. J. 1764 ausdrücklich die Heranziehung katholischer Jugend hervorgehoben. — Gleichzeitig wird aber auch als zweites Endziel die Romanisirung des griechisch-unirten Kirchenwesens, oder die Union der Ruthenen im engsten Sinne bezeichnet.

Dies nöthigt uns eine andere Seite ungarländischen Kirchenwesens etwas näher in's Auge zu fassen. — Zwei Thatsachen unterliegen keinem Zweifel. Die sogenannten „unirten" Ruthenen waren in der Masse des Volkes von Herzen eigentlich „nicht unirt" — „schismatisch" geblieben, und wenn auch die Popen für die Union mit Rom einstanden, in den Augen der Römisch-Katholischen galten sie so ziemlich als Ketzer, allerdings weit leichteren Schlages als die Protestanten. Wir begreifen daher auch, dass diese Anschauung und das Bevormundungsgelüste der römisch-katholischen Geistlichkeit erbitternd wirkte. Die Rákóczische Periode, die Geschicke eines Camelis, Hodrmarski, seines Gegners Bizanczi, haben sattsam bewiesen, dass die unirte griechische Ruthenenkirche, abgesehen von dem Fluche der Armuth und geistigen Verwahrlosung, der an ihren Gliedern haftete, zu einer stiefmütterlichen Lebensstellung verurtheilt blieb und im Ganzen und Grossen die grollende Schleppträgerin der römisch-katholischen Kirche, und zwar des Erlauer Bisthums, abgeben musste [2]).

---

[1]) Handschr. Chronik des Homonna-Unghvárer Jesuiten-Collegiums. Latein. Text.

[2]) Die wichtigste Literatur über die Union der Ruthenen:
Basilovits Joan. Ord. S. Basilii: Brevis notitia fundationis Theodori Koriatovits, olim Ducis de Munkács (Kurze Kunde von der Stiftung des Theodor Koriatovits v. Keriatovich, weiland Herzogs von Munkács"; derselbe unter dessen Führung die Einwanderung podolischer Ruthenen nach Ungarn, in den Tagen K. Ludwig I. von Anjou † 1382, stattfand. So trat zu den altersher in Ungarn sesshaften Ruthenen eine neue Ansiedlung kleinrussischer Nationalität, wahrscheinlich als Ersatz für die des Glaubens wegen aus Ostungarn entweichenden Wallachen oder Rumänen) .... Partes III. Cassoviae 1799. IV. ib. 1804. V. VI. ib. 1805. Ein sehr gründliches Quellenwerk über Kirchengeschichte Ungarns.

K. Mészáros: A magyarországi oroszok története (Geschichte der ungarländischen Ruthenen). Pest 1850. 166 SS. 8°; mit urk. Beilagen. Eine sehr

Die Ruthenen und ihre Kirche befanden sich in einem Zustande der Verwahrlosung, der unser aufrichtiges Bedauern hervorruft. Es wäre ungerechtfertigt, ja überspannt, — die Last der Verantwortung dafür auf die Schultern der Regierung oder des ungarischen Staatswesens zu laden, denn diese trostlosen Thatsachen wurzelten grossentheils in der kargen Scholle, die das Ruthenenvolk, weit zerstreut, bewohnte, in socialen Verhältnissen, vor allem aber in der Thatsache, dass die Hauptgebiete des Ruthenenthums seit dem 16. Jahrhunderte in das Bereich der Bürgerkriege fielen und durch lange Zeiträume von der ungarischen Krone getrennt waren; immerhin aber beging die Regierung Unterlassungssünden, und das herrschende Ungarnthum kümmerte sich wenig um den verachteten Rusnyaken. Und doch war das Ruthenenthum ein in nationaler und kirchlicher Beziehung durchaus nicht zu unterschätzendes Element.

Um die Mitte des 17. Jahrhunderts zählte es nach einer Angabe 600 Geistliche; nach einer zweiten sogar 749 Kirchen; höchst ungleich vertheilt und bei dem Umstande ihrer vorwiegenden Nothlage und der daraus entspringenden Verwahrlosung des ruthenischen Clerus nicht entsprechend dem Bedürfnisse einer so bedeutenden Volksmenge, die sich in wachsender Bewegung oder Mehrung zeigt. In der Zips z. B. war sie im karpatischen Grenzorte Zavadka schon um's Jahr 1674 tonangebend und der bis dahin protestantische Ort wurde damals „zum griechischen Glauben" gebracht [1]).

In den kirchlichen Verhältnissen des Ruthenenthums ist ein Schwanken bemerkbar, das in der Sachlage seine Erklärung findet. Die ruthenische Geistlichkeit in ihren leitenden Persönlichkeiten empfand zeit-

flüchtig gearbeitete Tendenzschrift. — Mészáros hat das Manuscript des fleissigen Luczkai; historia Carpatho-Ruthenorum in Hungaria ... gekannt, aber fast gar nicht benützt.

J. Fiedler: Beiträge zur Geschichte der Union der Ruthenen in Nordungarn und der Immunität des Clerus derselben. Sitzungsberichte der k. k. Ak. der Wiss. Philos. histor. Classe. XXXIX. Bd. 3. Heft. 1862. S. 481—523. Grossentheils nach Basilovits und bisher unbekannten Original-Documenten bearbeitet.

H. Bidermann. Prof. in Innsbruck: „Die Ruthenen, ihr Wohngebiet, ihr Erwerb und ihre Geschichte. I. Innsbruck 1862. (Statistisches.) 1867. II. 1. A. (Gesch. der Colonisation, Verfassung und Verwaltung); leider noch unvollendet, auf dem reichsten Materiale fussend.

[1]) Darüber: Luczkai's handschr. Historia Carpatho-Ruthenorum in Hungaria sacra et civilis ex probatissimis authoribus et Documentis originalibus Archivi Dioecesani Episcopatus Munkacsiensis desumpta. 1842 (in der bischöfl. Bibl. zu Unghvár). Die Auszüge daraus stellte mir mein Freund, der oben erwähnte Verfasser der Arbeit über die Ruthenen, Prof. Dr. Bidermann, zur Verfügung.

weilig das Bedürfniss der Union mit der lateinischen Kirche, aber der ursprüngliche Zusammenhang mit dem schismatischen Glaubenswesen wurzelte zu tief, als dass jene Unionsanläufe die Masse des Volksthums hätten durchdringen können. So soll es Thatsache gewesen sein, dass die ungarischen Ruthenen ihre Pfarrer „aus Russland (Galizien) erhielten, und zwar geweiht von dem (nicht unirten) Bischofe von Przemysl." Bischof Johannes Gregorij von Munkács wird 1627 „Priester der orientalischen Kirche griechischen Ritus" genannt, während sein Vorgänger Petronius sich „Bischof der Kirchen der griechischen Union" schrieb.

Anderseits waren, wie oben bemerkt, die politischen Wirren Ungarns, so die wechselnde Herrschaft siebenbürgischer Fürsten über den östlichen Landestheil der Union nicht günstig. So wissen wir, dass Fürst Georg Rákóczy I. von Siebenbürgen, ein Gegner derselben aus politischen und confessionellen Gründen, den Munkácser Bischof Taraskovič zwang, sich von der Union loszusagen, und als sich dieser ihr wieder zuwandte, liess er den Bischof am 13. December 1640 in Munkács gefangen setzen und bis 1642 im Kerker schmachten, worauf ihm K. Ferdinand III. den Ort Kálló, im Szabolcser Comitate, zum Aufenthalte und eine Pension von 200 Gulden aus der Kaschauer Kammer anwies. Auch muss erwähnt werden, dass der Wiener Hof Alles zur endlichen Befreiung des gefangenen Bischofs aufbot.

Der Munkácser Bischofssitz hatte eine mehr illusorische Diöcesangewalt. Einer der bedeutendsten Förderer der Union war Bischof Parthenius Petrovics, der im Jahre 1648 im Namen der meisten Geistlichen der Munkácser Diöcese das unirte Glaubensbekenntniss ablegte und 1649 (24. April) den Unionsact feierlich beging[1]). Wie viel davon auf Rechnung des blossen Scheines kam, muss allerdings dahingestellt bleiben. Wissen wir ja doch, dass derselbe Parthenius aus Furcht vor schismatischer Agitation, angeblich allerdings „aus Irrthum und Unerfahrenheit", sich von drei nicht unirten Bischöfen ordiniren und weihen liess; gleich darauf jedoch in „reumüthiger" Weise den Graner Primas Lippai davon verständigte und dessen Gunst auch errang.

Ein päbstliches Breve vom 8. Juni 1655 bestätigte den Parthenius als unirten Metropoliten und der Primas war eifrig bemüht (1660) das kirchliche Ansehen seines Schützlings möglichst zu befestigen. Kaiser Leopold that 1659 60 das Seinige in förmlichen Privilegien. Officiell galten damals 400 Priester als solche, die sich dem Parthenius freiwillig unterwarfen. Nach einer privaten Angabe wäre jedoch gerade der Munkácser District durch und durch schismatisch gewesen und Thatsache

[1]) Basilovits a. a. O. I. 95 f. Mészáros S. 112 f; Fiedler a. a. O. 485 f. 492.

ist's, dass der nicht unirte Gegenbischof und Schützling Sophiens Báthory, Witwe G. Rákóczi's II., Johannes Zeikan, im S. Nicolauskloster zu Munkács residirte [1]).

Seit Parthenius, dessen Bildung nicht sonderlich hoch angeschlagen wird, tritt eine längere, ziemlich dunkle Periode ein, welche das ruthenische Kirchenthum wieder ganz in das Schisma zurückwerfen musste. Epochemachend war das Auftreten des Griechen Johann Joseph de Camelis, Titularbischofs von Sebasta. In Rom gebildet und von der Gunst des Cardinal-Erzbischofs Kollonich nach Ungarn heimgeführt (1689), erlangte dieser gewandte, kräftige Charakter die Stellung eines Bischofs von Munkács, der er vollkommen gewachsen.

Durchaus Träger der Unionsidee in ihrer schärfsten Ausprägung, veranstaltete er gleich im Beginne seiner Thätigkeit ausser mehreren andern Synoden eine in Zboró, einem Orte der Sároscher Gespanschaft. Sie ward von 90 Priestern besucht, die sämmtlich für die Union einstanden. Seine energische Parteinahme für die kaiserliche Sache lernen wir in den Tagen Rákóczy's II. gebührend würdigen. Auch das Schicksal seines Vicars und Nachfolgers Hodrmarsky (s. 1707), der als politischer Agitator zu Gunsten des österreichischen Hofes eine Hauptrolle spielte, ohne dabei viel Dank zu ernten, hat Bedeutung. Der päbstliche Stuhl verweigerte beharrlich seine Anerkennung. Besser hatte es sein Rivale, Georg Gennadius Bizanzy, der Schützling des Erlauer Vicariates, der trotz aller Bemänglungen seines Verhaltens das Feld behauptete. — Die Immunität der ruthenischen unirten Kirche ward von den Kaisern Leopold I. und Carl VI. 1692 und 1720 verbrieft. Wir werden ihrer später gedenken, bemerken jedoch hier, dass das geschriebene Wort nicht sonderlich wirksam war [2]).

Hodrmarsky, Bizanczy, Simeon Stephan Olšavszky, Blasovszki, Mich. Manuel Olšavszki, Johann Bradács — erscheinen im Laufe der Jahre 1704—1772 nacheinander als blosse „Titularbischöfe" von Munkács. — Wie bereits gesagt, hielt man von Seiten des lateinischen Clerus die „Griechischen", dem Unionstitel zum Trotz, für nichts besser' als schismatisch. So kam es, dass im Jahre 1718 die römische Congregation für Verbreitung des Glaubens auf die bezüglichen Klagen des Erlauer Bischofes Erdödy eine Reihe von Vorschriften ausgehen liess, wonach die Griechen die lateinischen Feiertage halten, und griechische Popen

---

[1]) Basilovits I. 99 f. Fiedler 497 . . .

[2]) Die Reihenfolge der älteren ruthen. Bischöfe in Ungarn bei Fiedler S. 523 –4. Beil. XIII; 25 an der Zahl, von Lukas Presbyter (1454) bis Gabriel Blaszovsky (1738). Ihnen folgten Olšavszki und Bradacs. Ueber die Synode von Zboró s. Basilovics 100 f. Fiedler 497 . . .

nur mit Einwilligung des lateinischen Ordinariates von ihrem apostolischen Vicar ordinirt werden sollten [1]). Die Erlauer Kirchenfürsten Barkóczy und Eszterházy, Zeitgenossen Maria Theresia's, behandelten die Griechisch-Unirten als Unterthänige, Zinspflichtige und ignorirten die Gewalt der Munkácser Bischöfe völlig, so dass die österreichische Regierung einen harten Kampf zu Gunsten der Immunität ruthenischen Kirchenthums zu bestehen hatte [2]).

In den Aufzeichnungen des Homonna-Unghvárer Jesuiten-Collegiums, „von der Hand unseres bereits angeführten Gewährsmannes Rogács, — wird eine ernstliche Betrachtung angestellt, ob sich die Ruthenen der Wahrheit gemäss unirt nennen und es auch sind. Es wird darin ihrer beiden Haupt-„Irrthümer" gedacht, und zwar der Verunglimpfung des Geheimnisses der Dreifaltigkeit dadurch, dass sie eine Dreiheit von Kirchthürmen in Anwendung brächten, deren einer immer höher sei als der andere; sodann der Verwerfung des Abendmahles unter einer Gestalt. Diese Irrthümer hätten die ruthenischen Gymnasialschüler der Unghvárer Jesuiten bezeugt und es sei kein Wunder, denn die meisten wären Söhne der Popen, eine „überaus rohe Nachkommenschaft, in Allem und Jedem ihren Erzeugern ähnlich." Der Vorwurf der Rohheit mochte in nicht seltenen Fällen am Platze sein. Wir wissen, in welcher traurigen Verfassung die ruthenische Geistlichkeit in den Tagen des Bischofes Camelis sich befand, der zur Reform dieser Zustände Alles aufbot. Einer der bezeichnendsten Vorfälle ereignete sich damals in dem Zipser Ruthenenorte Poráes. Der dortige Pfarrer, Helczmanocz, ein Mann von urwüchsiger Derbheit, wies die Abgeordneten der bischöflichen Visitation, deren Berechtigung er nicht anerkennen wollte, zur Thür hinaus, dann schlug er mit einer Pistole auf sie an; endlich ergriff er einen tüchtigen Stock und drosch damit auf sie los [3]).

Die Jesuiten, deren Unghvárer Gymnasium in der Hauptmasse Ruthenen zählte, um das Jahr 1761 z. B. 200 Köpfe, liessen sich's auch sonderlich angelegen sein, diese Jugend nach römisch-katholischer Richtschnur auszubilden, damit sie einst als befähigte „Apostel" ihr Volk aus seiner Versunkenheit emporzögen. Der Ortsprediger ihres Ordens eiferte gegen den Wahn, dass das Abendmahl unter beiden Gestalten zur Seligkeit nothwendig sei. Als Hauptzweck der Unghvárer Schule wird ausdrücklich neben der Bekehrung akatholischer Jugend die Union der Ruthenen hervorgehoben.

---

[1]) Lucskai's Manuscr.
[2]) Bidermann: Russische Umtriebe in Ungarn. Innsbruck 1867. S. 51.
[3]) Handschr. Chronik des Unghvárer Jesuiten-Collegiums.

Es wurde oben bemerkt, dass die Regierung in der Ruthenenfrage Unterlassungssünden beging. Sie waren theils administrative, theils politische, und finden einerseits in den ungarischen Parteiwirren, anderseits in dem passiven Widerstande der Grundherren und weltlich-geistlichen Behörden ihre Entschuldigung. Die administrativen verzögerten eine gedeihlichere Entwicklung des ruthenischen Volkswesens, Letztere stellten die Gefahr eines wachsenden russischen Einflusses in Aussicht, und da die Handhabung des Letzteren in dem Zusammenhange des Kirchenthums wurzelte, so erlangt die oben des weitern besprochene Union der oberungarischen Ruthenen eine nicht zu unterschätzende politische Bedeutung.

Ein venetianischer Gesandtschaftsbericht v. J. 1708 betont diesen Umstand nach Gebühr; und nicht wenige Thatsachen beweisen, dass je weiter desto entschiedener die österreichische Regierung auf die Fühlungen Russlands in Oberungarn ein scharfes Augenmerk zu richten begann. Daniel Dolfin, der Vertreter der Signoria am Wiener Hofe, äussert sich um's Jahr 1708 über das Verhältniss Oesterreichs zu Russland folgendermassen: Man wünschte sich die Freundschaft des Czaren, aber ein wenig aus der Ferne, da man seine Macht würdigt und fürchtet. Dessentwillen wurden oftmals die begehrten Zuzüge, die ihren Weg durch Siebenbürgen und Ungarn nehmen sollten, abgeschlagen (rifiutati). Da nämlich von den dortigen Völkern der schismatische Ritus verehrt wird, so zweifelte man, dass es so leicht sein würde, ihn (den Czaren) zurückzudrängen, nachdem er hier festen Fuss einmal gefasst. "

Einer bezeichnenden Thatsache erwähnt auch Lucskai. Der Basiliten- oder Kalugermönch, Petronius Kaminski, habe den Metropoliten Methodios Rakoveczky beim Erlauer Bischofe als Schleppträger Russlands denuncirt. Und gerade diesen „ersten Verläumder der Ruthenen" gewahrt man bald, als Anhänger Franz Rákóczy's, zum Munkácser Bischof befördert [1].

Man würde der österreichischen Regierung zu nahe treten, wenn man ihr das Betreiben der Union oder die Einsicht von der politischen Tragweite derselben abspräche. So können wir der Regierung nur beipflichten, wenn sie durch einen Statthalterei-Erlass vom Sept. 1727 die oberungarischen Gespanschaften auffordern liess, alle zum Abfalle von der Union aufreizenden Tractätler aufzufangen und an

---

[1] Die Relation des Daniel Dolfin b. Arneth: Venet. Relation in den fontes rerum austr. II. Abth. 22. Bd. S. 35. Lucskai's Bericht auch bei Bidermann Russ. Untr. S. 2. Ueber Kaminski's Parteinahme vgl. Rákóczy's Mem. v. hist. des revol. d. Hongrie V. S. 30.

den Munkácser Bischof einzuliefern[1]). Theils wurde sie überstürzt, theils wieder durch die Zerfahrenheit der dabei massgebenden Interessen gelähmt. Am meisten gefährdet erschien sie durch die Haltung des dabei betheiligten römisch-katholischen Episkopates; denn Herrschsucht und eigennützige Willkür Einzelner verbitterten die griechisch-unirten Geistlichen gründlich und nur auf deren Schultern ruhte ja die Möglichkeit der ganzen Union. Es war z. B. nichts weniger als tactvoll, wenn man die Union in der Marmarosch von dem Munkácser Archimandriten Bizanczi mit Militärassistenz durchführen liess [2]). Unter den Munkáczer Bischöfen Olsavszki, Bradács und Bacsinski, Maria Theresiens Zeitgenossen, werden wir einer energischeren Haltung des Wiener Cabinetes und einer planmässigen Handlungsweise desselben zu Gunsten der unirten Kirche inne.

Und es war an der Zeit, denn es fehlte nicht an triftigen Beweggründen hiezu. Wenn wir lesen, dass Bischof Barkóczi von Erlau im Jahre 1747 die römisch-katholischen Pfarrer ermächtigte, von den unirten Griechen ihres Bezirkes Gebühren zu fordern und den Bischof Olsavski durch Drohungen einschüchterte; dass er in kriegerischer Begleitung das Jahr darauf zu Munkács über die Ruthenengeistlichkeit förmlich zu Gericht sass; oder wenn uns sein Nachfolger Eszterházy als ein Kirchenfürst geschildert wird, der dem Munkáscer Bischofe jede Einflussnahme verbot und die ganze kirchliche Gebahrung sich und den Seinigen zuwandte, z. B. das Recht der Visitation griechisch-unirter Pfarrer den Dechanten des lateinischen Clerus zusprach [3]) — so müssen wir gestehen, dass dies einer Grundbedingung der Union beider Bekenntnisse, dass dies der Gleichberechtigung in's Gesicht schlug und das Ansehen der Regierung als schützenden Gewalt schädigte. Der Einwand, man habe seitens des Erlauer Episcopates nur das Beste der Unirten gewollt — ist nicht stichhältig, denn eben auf der Immunität, nicht auf deren Verletzung konnte einzig und allein das kirchliche Wohl des Ruthenenthums beruhen.

Das Benehmen der beiden Erlauer Kirchenfürsten entsprach ganz dem autonomen Selbstgefühle und indolenten Wesen der Comitatsbehörden in der gleichen Angelegenheit. Die Gespanschaften legten das Hofdecret zu Gunsten der Freiheiten des unirten Ruthenenthums so lange

---

[1]) Im Eperieser Comitats-Archiv. Acta politica. Vgl. Bidermann Russ. U. S. 44. no. 31.

[2]) Bidermann a. a. O. S. 44. no. 31.

[3]) Basilovits a. a. O. IV 31. 41: 76, 106, 116, 162 . . . Bidermann a. a. O. 51, note 64.

ad acta, bis dessen Veröffentlichung ihnen gelegen war oder eben nicht länger hintangehalten werden konnte. Denn das waren verhasste Neuerungen in den Augen der Comitate und gar noch zu Gunsten der „schlechten Russen", (rosz oroszok) wie man damals zu sprechen und wohl gar zu schreiben beliebte. Es erinnert dies an das geläufige Sprichwort der Magyaren: „tóth nem ember", (der Slave ist kein Mensch)! — So begreifen wir, dass die Publication im Ungher-Comitate fünf, im Abaujvarer 16, im Saroscher Comitate sogar 22 Jahre auf sich warten liess.

Wenn wir diese Thatsachen uns vor die Augen führen, so scheint es wie Ironie, wenn wir oben von einer energischeren Haltung des Wiener Cabinetes in der Ruthenensache sprachen. Wir dürfen aber nicht vergessen, dass sie es im Vergleiche zu früher dennoch war und dass die ungarische Verwaltungsmaschine ein System von Hindernissen darbot, welche mit der Entfernung von Wien und Pressburg wuchsen. Endlich muss gleich hier zur Sprache kommen, dass die eigentliche Lösung der Aufgabe in die späteren Jahre der Regierung Maria Theresia's fällt, in eine Zeit also, wo unter dem Einflusse geklärterer Einsicht und politischen Bedürfnisses mit doppelter Energie auf die Beschwichtigung confessioneller Beschwerden hingearbeitet wurde.

Da jedoch die bezüglichen Erlässe mit den Verfügungen Kaiser Leopold's I. und Carl's VI. im Zusammenhange stehen, so ist es nothwendig, das Ganze derselben im Zusammenhange zu überblicken.

Das Actenstück vom Jahre 1692 (23. August, Wien), ein ausführlicher Freiheitsbrief, entwickelt in der Einleitung die Thatsache, das Volk der Ruthenen, das vor ungefähr 300 Jahren aus Russland eingewandert, in den benachbarten Gegenden Ungarns vorzüglich im Erlauer Sprengel sich niederliess, sei bei seiner Ankunft mit dem Gebrechen des griechischen Schisma behaftet gewesen. Die verwitwete Fürstin Sophia Báthori habe voll religiösen Eifers die Vereinigung der Ruthenen mit dem römischen Stuhle eifrigst betrieben und jetzt sei zufolge der Bestrebungen apostolischen Männer die Union des ganzen Volkes in Aussicht. Dem Herrscher wäre es zu Ohren gekommen, dass gewisse Grundherren die ruthenischen Geistlichen des unirten Bekenntnisses gerade so zu behandeln sich unterstünden, als wären diese noch schismatisch; dass man solche Priester den Bauern gleich zu Frohndiensten anhalte, ja sie sogar mit Kerkerhaft, Schlägen und Geldbussen heimsuche; desgleichen sich an ihren Kirchen und deren Besitze vergreife, zum höchsten Aergerniss des der Union zugewandten Volkes und der gesammten Christenheit. Der Kaiser verbiete nun strengstens ein für allemal jedwede solche Ungebühr und verlange, dass man die griechisch-unirte Geistlichkeit in völliger Gleichstellung mit der römisch-katholischen Priesterherrschaft in ihren Rechten und Freiheiten achte. Damit jedoch die Grundherren, unter dem Vorwande, ihre Urbarialrechte, in solcher Weise geschmälert zu finden, dieser Verfügung keine Hindernisse in den Weg legen könnten, so sei im Wege der Mitwissenschaft der Diöcesanbischöfe oder ihrer Generalvicare und Erzpriester so viel an Grund und Boden auszuscheiden, was für die Dotirung der Kirchen, Pfarreien, Friedhöfe und Schulen sich als nothwendig herausstelle und die bezüglichen Grundherren hätten dann erst ihre Patronatsrechte handzuhaben, bis diesen Anforderungen im kanonischem Sinne entsprochen sei. — Ausserdem verfügt die Krone nachstehendes. Da nämlich die griechisch-unirten Geistlichen beweibt seien, so dürften deren eheliche Söhne, ausgenommen den Fall, dass sie aus eigenem Antriebe in eine bäuerliche Stellung einträten, zu einer solchen nicht gezwungen und müssten, falls sie einer solchen schon verfallen, in Bezug ihrer Person freigemacht werden. Von dieser Immunität sind jedoch natürlich die Nicht-Unirten oder Schismatischen ausgeschlossen. Um ferner jedweder Schwierigkeit und Verwirrung in den Verhältnissen der Abgaben und Leistungen der griechisch-unirten Bevölkerung vorzubeugen, gebietet der Kaiser, dass Letztere die römisch-katholischen Feiertage halten und die besonderen Heiligenfeste ihres Ritus nur mit Zustimmung der römisch-katholischen Ordinarien begehen sollten. Endlich verfügt der Kaiser die Verkündigung dieses Freiheitsbriefes seitens der Ordinarien in allen Generalcongregationen der Comitate ihrer Diöcese [1]).

Die ganze Urkunde erscheint darauf berechnet, die Anziehungskraft der Union zu stärken und den Grundsätzen kirchlicher Gleichberechtigung Rechnung zu tragen. Aber ihre Verwirklichung war an Bedingungen geknüpft, die leider nicht in Erfüllung gingen, an den guten Willen des römischen Episcopates, der Gespanschaften und endlich der Grundherren. Ueberdies war in dem bedeutenden Einflusse der Ordinarien vom lateinischen Ritus auf das griechisch-unirte Kirchenwesen, den das Privilegium selbst einräumt, ein starkes Bleigewicht gegeben, das jeden freieren Schritt hemmen konnte, hemmen musste, ja die Dinge an dem Flecke wieder festhielt, wo sie sich vordem befanden. Die Thatsachen der Folgezeit entsprachen daher keineswegs der guten Absicht der Regierung. Alles blieb auf dem Papiere und der Sturm der Rákóczyschen Bewegung schien es für immer zu verwehen.

Gerade aber in dieser bewegten Zeit machte die Regierung die beherzigenswerthe Erfahrung, dass die Ruthenen im Grossen und Ganzen

[1]) Fiedler a. a. O. 510—512 Urkdn.

dem Aufstande fern blieben und ihre geistlichen Führer, wie Camelis und Hodrmarsky entschiedene Parteigänger der kaiserlichen Sache abgaben. Recht und Billigkeit forderten daher mindestens eine Bekräftigung des leopoldinischen Diploms. Sie erfolgte 13. August 1720 durch Carl VI. und wurde am 1. September d. J. von den ungarischen Ständen in ihrer Giltigkeit anerkannt [1]). Der Eingang der Urkunde besagt am besten, dass es trotz des Privilegiums von 1692 in der Lage des unirten Kirchenthums beim Alten geblieben war.

Und auch jetzt noch blieb es vielfach beim Alten, denn die gleichen Uebelstände wucherten fort, die schwachen Seiten jenes Privilegiums übergingen natürlich auch in seine Erneuerung. So lange das Erlauer Bisthum der eigentliche kirchliche Gebieter und der Munkácser unirte Bischof ein blosser Titularbischof ohne eigentliche Gewalt, konnte es nicht besser werden. Die Regierung Maria Theresia's lernte dies sattsam einsehen. Es wurde allerdings 1741 abermals wieder das leopoldinisch-carolinische Diplom bestätigt, aber die Gespanschaften liessen es „cum respectu“ jahrelang liegen und das Erlauer Ordinariat kehrte sich wenig daran. Wissen wir doch, wie schrankenlos die Bischöfe Barkóczy und Eszterházy zu schalten und zu walten beliebten. Man arbeitete nun in Wien unverdrossen los, auf das einzige Mittel, das die verrottete Sachlage ändern konnte, nämlich auf die noch immer fehlende Selbstständigwerdung der Munkácser Diöcese für das unirte Griechenthum.

Die Streitigkeiten der ruthenischen Titularbischöfe Olšavszki und Bradacs mit dem Erlauer Kirchenfürsten Barkóczy und Eszterházy, wobei Erstere die Rolle der Bedrängten und Schutzflehenden spielten, brachten die Sache in wachsend raschen Fluss, so dass endlich im Herbste des Jahres 1766 die Kaiserin den Pabst Clemens XIII. auf's Nachdrücklichste die Nothwendigkeit eines solchen Schrittes an's Herz legte. — Zwanzig Jahre früher (1746) war Olšavszky von der Regierung mit dem Auftrage betraut worden, die Union der siebenbürgischen Rumänen zu befestigen, da diese damals von einem „falschen Mönche“ in entgegengesetztem Sinne sich bearbeitet zeigten. So hatte sich Olsovzsky auch ausserhalb der ruthenischen Unionsfrage als brauchbarer Unterhändler bewiesen [2]). Die griechisch-unirte Diöcese des Munkácser Bischofes zähle gegenwärtig 839 Kirchen, 675 Pfarren und 119.107 communionsfähige Bekenner. Da jedoch bisher das Munkácser Bisthum,

---

[1]) Fiedler 514—5. Bestätigung des leopoldinischen Diploms über die Immunität des ruthenischen Clerus do. 23. Aug. 1692; deh. Carl VI. v. 13. Aug. 1720.

[2]) Continuator Fleurianus (Forts. der Fleury'schen Kirchengeschichte) LXXIX. 136 f. Katona hist. cr. II. 39. 319—25.

eingeschlossen in den Grenzen der Erlauer Diöcese, mit dem nackten
Ehrentitel, bestand und die unirten Bischöfe sogar andere Prädikate
führen mussten (z. B. Sebaste, Bodon), so behandelte der Erlauer
Bischof den unirten Munkácser als Untergebenen und zöge dessen ganze
geistliche Gewalt an sich; während anderseits die schismatischen Bischöfe
von Munkács ihre unirten Amtsgenossen ob dieses Mangels einer eigentlichen Diöcese und Amtsgewalt verächtlich ansähen und mit Hinweis
auf diese Mängel das Volk der Union zu entfremden bemüht wären.
Die Regierung fusste da auch auf bedenklichen Thatsachen. In der
Grosswardeiner Diöcese verlor die Union fast allen Boden und auch
sonst mehrte sich stark der Abfall [1]). Dem Allen könne nur durch
Ausscheidung und Consecrirung der Munkácser Metropole gesteuert
werden und der Erlauer Kirchenfürst brauche um keinen Schaden besorgt
zu sein, da er im ungeschmälerten Besitze aller seiner Nutzungen bleibe.
Der Munkácser Bischof hingegen solle mit 5000 Gulden Jahresrente
ausgestattet werden.

Der Erlauer Bischof Eszterházy wehrte sich allerdings gewaltig
und trat mit einer geharnischten Schrift von 113 Punkten in die
Schranken [2]); der billiger denkende Pabst entschied sich jedoch zu
Gunsten der kaiserlichen Forderung und erklärte in seiner Bulle vom
19. September 1771 Munkács zu einer bischöflichen Stadt
sammt Kathedrale; anderseits den schon 1767 zum Bischofe
ernannten, päbstlicherseits als apostolischer Vicar bestätigten Johann
Bradács zum immunen Bischofe und Metropoliten aller in Munkács
und in der Erlauer Diöcese hausenden unirten Griechen. Aber Johann
Bradács genoss nicht die gereifte Frucht dieser Vorgänge. Dies war
erst seinem Nachfolger (seit 1772) Andreas Bacsinski vergönnt unter
Verhältnissen, die wir anderen Ortes besprechen werden. Immerhin
gab die Thätigkeit des Wiener Cabinetes seit 1766 den massgebenden
Anstoss zu einem günstigeren Umschwunge des Looses der griechisch-
unirten Ruthenenkirche [3]).

Auch ein Stück alten Wahnes begegnet uns neben den kirchlichen
Erscheinungen in dem Kulturleben dieses Zeitraumes. In den Hallen
des Scháro'scher Comitatsgerichtes zu Eperies werden vom Jahre 1764
auf 1765 an 28 Juden gefangen gehalten. Das Gerücht, sie seien
Helfershelfer an dem Morde eines Christenkindes zu Cherinna-Chrast

---

[1]) Bidermann Russ. Untr. 51—52.
[2]) Die bezüglichen Actenstücke z. J. 1766 bei Fiedler a. a. O. 516—524.
[3]) Fessler Gesch. U. X. 378 f.

(Orkút) im Juni 1764 brachte sie in diese bedrohte Lage. Als Angeber dieser vermeintlichen Unthat galt ein kürzlich erst getaufter Jude Mathias Leviczky, Zolleinnehmer in Pécsujfalu. Die Beschuldigten wurden zweimal peinlich befragt: sodann auf Befehl der Regierung vom 2. Mai 1765 bis auf zwei freigelassen. Einer davon starb nach drei Tagen, der Andere wurde lebenslänglich eingekerkert. Nähere Aufschlüsse wurden uns nicht geboten [1]. —

2. Kirchliche Zustände seit der Aufhebung des Jesuitenordens 1773 bis zur Regierung K. Joseph II. (1780), mit theilweiser Rücksicht auf das Schulwesen.

Die Gesellschaft Jesu führte seit zwei Jahrhunderten bereits im Karpatenlande ein festwurzelndes, weitverzweigtes Dasein. Die Stürme des 17. Jahrhundertes, Ungarns politisch-kirchliche Wirren, die Insurrectionen unter Bocskai's, Bethlen's, Georg Rákóczy's und Tököly's Banner, rüttelten mehr als einmal an dem Bestande dieses Ordens oder drohten doch ihn aus wichtigen örtlichen Stellungen zu werfen. Wir sehen dies am besten in der Städtegeschichte des ostungarischen Berglandes, wo das siegende Emporkommen des Protestantismus jedesmal eine Verdrängung seiner gehasstesten Gegner, der Jesuiten, im Gefolge hatte.

Die aufständischen Akatholiken gewahrten in den Vätern der Gesellschaft Jesu die rastlosen Arbeiter und Pfadfinder des Papismus, die bekehrungseifrigen Sachwalter der Alleinherrschaft des römischen Glaubens — die eigennützigen Kundschafter und Hilfsarbeiter des habsburgischen Regierungswesens. Wie übertrieben auch dieser Hass, diese rastlosen Befürchtungen vor den „Ränken der Papisten und Jesuiten" waren, wie sehr auch der Katholicismus Ursache fand, dem Protestantismus vorzuwerfen, er selbst habe im Siege Unduldsamkeit und Gewaltmassregeln an den Tag gelegt, — die Thatsache lässt sich nicht läugnen, dass die Gesellschaft Jesu in den katholischen Restaurationsepochen, besonders unter Leopold I. die Hauptrolle spielte und, unbeschadet ihrer klugen Bestrebungen, dem nationalen Wesen sich in Leben, Schule und Wissenschaft anzuschmiegen verstand, mit dem Hofe und seiner Politik stets in Fühlung blieb, ihm überall dienstwillig entgegenkam, wo die katholische Glaubensmission und der Ordensvortheil ihr Gedeihen fanden.

Und fürwahr! Das Dasein des Ordens im Ungarnlande war ein klug ausgemessener Bau, auf breiten, festen Grundlagen. Aus der Gunst der Krone und Kirche zog er nicht mehr Gewinn als von dem plangerechten, entschiedenen Handeln seiner Werkmeister, die weder den

---

[1] Handschr. Hauschronik der Eperieser Franziskaner.

günstigen Augenblick unbenützt liessen, noch auch durch vorübergehendes Missgeschick in ihren Entwürfen beirrt werden konnten.

Wie in den Kirchen, Collegien, Convicten, Professhäusern, Residenzen[1]) und anderen Gebäuden des Jesuitenordens wenig Schönheit, wohl aber viel Geräumigkeit und zweckdienliche Gliederung ersichtlich werden, so athmet auch die gesammte Thätigkeit des Jesuitenordens den Geist des Zweckdienlichen, Praktischen, Oeconomischen. Ueberall wo der Orden auftritt, sucht er der Seelsorge, und des Unterrichtes nicht minder, als der Gönnerschaft der Grundherrn sich zu versichern und der Huld einflussreicher Kirchenfürsten auf mannigfachen Wegen theilhaftig zu werden. Nicht zu Baarschaften häuft man die Ersparnisse zusammen, man beeilt sich Grundbesitz zu erwerben, die Baulichkeiten zu erweitern, das Oeconomische zu verbessern.

Im Unterrichte versteht es der Orden wie kein zweiter, durch stramme Disciplin und gewandte Lehrmethode die Schüler und die Eltern sich geneigt zu machen; Belustigungen aller Art, auch Theaterstücke, von den Zöglingen aufgeführt, bilden geeignete Erholungs- und Anziehungsmittel. Anderseits kömmt es zur wachsenden Beschäftigung der Druckerpresse. Die Jesuiten spielen eine hervorragende Rolle in der theologischen Literatur, eine nicht minder namhafte in den verschiedenen Wissenszweigen; ausserdem beherrschen sie mit den religiösen Lehr- und Erbauungsbüchern, vom Katechismus an bis zum kleinsten Gebete — die grossen Kreise so gut wie, als Gewissensräthe, Beichtväter und Erzieher die höheren Sphären. — Ueberdies verstand es kein Orden so gut wie der der GesellschaftJesu seine Leistungen in der Oeffentlichkeit zur Geltung zu bringen. Man braucht da nur die „Jahresbriefe des Ordens" oder die Reihe der allgemeinen und speciellen Geschichten der Väter der Gesellschaft Jesu durchzublättern, wo neben den Erfolgen in der Seelsorge, im Unterrichte auch die wunderbaren Krankenheilungen durch Ordensgenossen ihren Platz finden. Auch die geringfügigste Errungenschaft wird in dieser fortlaufenden Statistik der Ordensthätigkeit nicht übergangen[2]). — Die besten Aufschlüsse für Ungarn gibt allerdings die handschriftliche Sammlung des Ordensgenossen Gabriel H e v e n e s s y, Beichtvaters

---

[1]) Ueber die Gliederung und die Institutionen des Ordens s. Institutum societatis Jesu auctoritate congregationis Generalis XVIII. meliorem in ordinem digestum, auctum et recusum. 2 Voll. fo. Prag 1757.

[2]) Litterae annuae Societatis Jesu ad Patres et fratres; erschienen an verschiedenen Druckorten in den Jahren 1583—1618 f. die Zeit v. 1581—1614: sodann 1658 f.; Historia Soc. Jesu; V Partes, folio, 1620—1710, von Orlandini u. A.; ferner die Werke der Jesuiten Gretser, Alegambe, Tanner, Gomez .... für die österreichische Provinz insbesondere von S o c h e r ...

des Cardinalprimas Kollonich, der den ganzen Wust der jesuitischen Hauschroniken Ungarns zusammentrug[1]). So zählte am Schlusse des 17. Jahrhunderts die Gesellschaft Jesu im Ungarnlande 15 Collegien von Bedeutung, 8 Residenzen, 10 Convicte und Seminarien, beiläufig eben so viele Missionen. Die Pflegestätten academischer Bildung, die Tyrnauer Hochschule und die zu Kaschau, so wie die tonangebende katholische Literatur Ungarns — waren in ihren Händen. Der Jesuiten-orden war eine Macht, die aus allen Krisen des Jahrhunderts, unge-gebrochen, mit wachsendem Gewichte hervorging. Ihm gegenüber fühlten sich ältere geistliche Genossenschaften, die Benedictiner, Cisterzienser, Prämonstratenser u. a. hintangesetzt, von ihm an Einfluss weit über-flügelt. Ueberall hatte er sich geltend zu machen verstanden.

Und diese Macht war eben nur ein Theil der gesammten Ordens-macht, deren Schwerpunkt zu Rom, im Generalate, ruhte; ja Ungarn bildete keine eigene Provinz der Jesuiten, es gehörte zur „österreichischen", und dieser deutsche, dieser dynastische Beigeschmack in der Ordens-verfassung erhöhte nur noch den Groll der magyarischen Protestanten; er behagte auch den Katholiken nicht, welche national gesinnt, auch da den Standpunkt einer vollkommenen Autonomie und Absonderung Ungarns von dem übrigen Oesterreich gewahrt sehen wollten[2]).

Als daher im ersten Decennium des 18. Jahrhunderts Franz Rákóczy II. die letzte grosse Insurrection ins Leben rief und der Szécséner Tag die Städteconföderation besiegelte (1705), — da kam auch die Jesuitenfrage zur Behandlung. Der sechste Artikel seiner Beschlüsse stellte an die Jesuiten die Aufforderung: „entweder auszuwandern oder eine eigene ungarische Provinz zu bilden"

Zwischen die Regierung und die ständische Conföderation, wie zwischen Ambos und Hammer gestellt — versuchten die Väter der Gesellschaft Jesu die Taktik des Zuwartens, der Selbstverläugnung, — sie erklärten sogar in einem förmlichen Reverse „sich nie in politische Dinge mischen zu wollen"[3]). Aber man traute ihnen nicht von Seiten der Conföderation und selbst Rákóczy, einst ihr Zögling und trotz

---

[1]) Für die Zeit der Insurrection Rákóczy's benützte ich dies werthvolle Material in meiner w. u. citirten Abhandlung.

[2]) Bis zum J. 1622 war die österreichische und böhmische Ordensprovinz vereinigt, seit 1622 getrennt; zur österreichischen gehörte auch das ungarische Königreich. Die provincia Austriae und Bohemiae bildeten ein Glied der grossen Assistentia Germaniae, die in zehn Provinzen zerfiel.

[3]) S. die Belege in meiner Abhandlung: Zur Gesch. Ungarns im Zeitalter Franz Rákóczy's II. I. Abth. im 42. Bde. des Arch. f. K. oe. Gesch. 111 SS. im Sep. Abdr. S. 38 ff.

begründeter Abneigung nicht ohne Rücksicht für den Orden — hatte sich ums Jahr 1706 veranlasst gefunden, in einem Rundschreiben an die den Jesuiten geneigten Comitate, über ihre politischen Ränke in seiner früheren Lebensangelegenheit, sowie über ihr verrottetes, gehaltloses Lehrsystem den Stab zu brechen. Noch nie vielleicht kam es in Ungarn zu einer herberen Kritik des Schulwesens der Gesellschaft Jesu; es wurde als „unliterarische Literatur", als „unfruchtbare Scholastik" gekennzeichnet [1]). — Der Onóder Conföderationstag vom Jahre 1707, die Trennung des aufständischen Ungarns von der österreichischen Herrschaft, zugleich der Höhepunkt der Machtstellung Rákóczy's schien dem Jesuitenorden eine verhängnissvolle Krise zu bereiten. Aber der Onóder Tag war auch der Wendepunkt der Sachlage: die Regierung siegt, hinter ihr steht die gemässigte Partei und die Gesellschaft Jesu kann die Szatmárer Pacification mit Vergnügen begrüssen, denn auch für sie waren Tage der Sicherheit zurückgekehrt.

Eines jedoch blieb in den Anschauungen der ungarischen Zeit haften, die Forderung, dass sich eine eigene „ungarische Jesuitenprovinz" bilde; wir finden diese Forderung im 33. Artikel des Reichstages von 1741, desgleichen im 10. Absatze des Diätaldekretes von 1751 ausgesprochen, wenngleich nicht endgiltig erledigt.

Der vorlaufende Abschnitt hat uns gezeigt, wie in den Tagen Maria Theresia's noch der Jesuitenorden seine unter Karl VI. neu gefestigte Stellung im Lande auszunützen verstand, seine Vorherrschaft in Kirche und Schule zu bewahren sich bemühte.

Der Catalog der Provinzen, Collegien, Residenzen, Seminarien und Missionen der gesammten Gesellschaft Jesu v. J. 1750 — lässt auf Ungarn, mit den Nebenländern, 20 Collegien, 19 Residenzen und 11 Missionen entfallen. Die Tyrnauer Universität, die Kaschauer Hochschule, 30 Gymnasien, 12 Seminare und 9 weltliche Convicte unter jesuitischer Leitung lagen in den Händen des Ordens [2]).

---

[1]) S. das Theatrum Europaeum 18. Band z. J. 1706. I. col. 74—75. Vgl. Horváth Magyarorsz. tört. V. 232.

[1]) Für den Schluss des 17. Jahrhunderts bildet die beste statistische Uebersicht des Jesuitenordens in Ungarn der Abschnitt (S. 128—131) des Werkes: Dissertatio paralipomenica rerum memorabilium Hungariae .... Tyrnaviae 1699. 4° vom Ordensmanne Mart. Szentiványi. Der erwähnte Catalog v. 1750 führt den Titel: Catalogus provinciarum, collegiorum, residentiarum, seminariorum et missionum universae S. J. anno 1750. Gewidmet dem Vorstande der österreichischen Jesuitenprovinz: Augustin Hingerle. von der Tyrnauer Jesuitendruckerei. (8° 84 SS.) Vgl. auch die gute Uebersicht in der Zeitschrift „Merkur für Ungarn" 1787. I. 158 ff. In Tyrnau, beispielsweise, bestanden drei Collegien, ein Convict und zwei Seminare der Jesuiten, in Kaschau: Collegium,

Die Zahl seiner Gönner war noch immer bedeutend, nicht nur im Kreise der ungarischen Kirchenfürsten, sondern auch im Laienstande. So hatte z. B. der Hoflandesrichter (Judex curiæ), Stephan Koháry, in seinem, durch grosse Legate an Kirche und Schule bedeutsamen, Testamente — die Jesuitenstiftungen Ungarns mit 48.000 fl. bedacht[1]). Der Jesuitenorden beherrschte die Schule und im Bereiche der im Lande gepflegten Wissenschaften war es die Geschichte vorzugsweise, die ihre Pfleger an den Genossen dieses Ordens fand. Wir brauchen nur eines Franz Kazi, Timon, Kaprinai, Karl Wagner, vor allem aber des Riesenfleisses eines Gabriel Hevenessy, der eisernen Arbeitskraft Katona's und der kritischen Begabung wie auch schriftstellerischen Fruchtbarkeit eines Pray zu gedenken[2]).

Aber doch fehlte es nicht an beunruhigenden Zeichen der Zeit, die dem Jesuitenorden unmöglich entgehen konnten. Sie mehrten sich nicht nur im Westen und Süden Europa's, auch am Horizonte der österreichisch-böhmischen Ordensprovinz begannen Wolken aufzutauchen und selbst im Ungarnlande gab es bald Erscheinungen, die das sorgenvolle Nachdenken der Jesuiten beschäftigten. — Der Jesuitenorden befand sich auf jenem Punkte, wo er ängstlich das Erworbene hütete, wo er nichts weiter an Macht und Einfluss gewinnen, wohl aber verlieren konnte. Er war im Stadium des Stillstandes, die Zeit des grossen Kampfes wider den Protestantismus vorbei, das Kriegsfeuer erloschen, das ihn früher antrieb, bedeutendes Talent in seinen Reihen spärlicher gesäet, so manche schwere Niederlage im Kampfe der Geister ihm beigebracht worden. Er hatte nichts weiter zu erobern, er musste sich auf die Vertheidigung beschränken und auf dem Boden, der so lange als seine Domaine galt, im Unterrichtswesen, kam es nun zu Angriffen, bei denen der Zeitgeist und seine weitergeschrittenen Forderungen, häufig auch die überlegene Begabung, auf Seiten der Gegner stand.

Convict und Seminar, in Pressburg: zwei Collegien, Residenz und Seminar, in Oedenburg: Collegium und Seminar, in Raab: Collegium und Convict, desgleichen in Ofen, in Trenesin: Collegium und Probationshaus ...

[1]) Diesem Mäcenas der Kirche und Schule, er legirte für arme Studierende die Summe von 111.333 fl., setzte der Jesuit F. Kazy ein Denkmal: posthuma memoria ... comitis Stephani Koháry ... 1649. † 1731. 1732. 12⁰ 105 SS. Vgl. Katona hist. crit. Hung. 38. Bd. S. 703—4.

[2]) Die vollständigsten Uebersichten liefert Katona in Bezug der damaligen ungarländischen Literatur in s. hist. crit. 38. Bd. ff, — ferner Horányi in s. Memoria Hungarorum ... 3 Bde. in alphabet. Folge. Vgl. auch Fessler G. d. Ungarn .. 10. Band, S. 437—450. Flegler: Beiträge zur Würdigung der ungarischen Geschichtsschreibung in der „histor. Zeitschrift von Sybel, 17., 18., 19. Band (S. 318 f., 235 f., 264 f.) — Hevenessy hinterliess ausser einer Menge

Es lässt sich nicht läugnen, dass die ziemlich starke Polemik des 18. Jahrhundertes gegen den Jesuitenorden [1]), noch vor der Katastrophe seiner Aufhebung, neben manchem ernsten, gehaltvollen Buche viele Machwerke und Tendenzschriften niedrigen Ranges voll der Uebertriebenheiten und rednerischen Gemeinplätze aufweist, ja dass die Gegner des Ordens sogar eine Fiction anwandten, um ihn selbst gewissermassen als Belastungszeugen wider sich das Wort ergreifen zu lassen. Es sind dies die sogenannten „geheimen Vorschriften der Jesuiten", die vielberufenen „Secreta monita Jesuitorum", die im Jahre 1759 an's Licht der Oeffentlichkeit traten und grosses Aufsehen erregten [2]). Aber so manche bittere, unwiderlegliche Wahrheit musste sich der Orden sagen lassen und wenn er auch diesen und jenen plumpen Angriff, so z. B. Harenbergs dickleibige „pragmatische Geschichte" [3]) pariren konnte, so glückte ihm nicht immer die Vertheidigung. Und vergleicht man unbefangen das örtliche Gebahren des Ordens, die Mittel und Wege,

---

theologisch-religiöser Schriften eine Sammlung von Urkunden und Jesuitenchroniken in Abschrift, die an 100 Foliobände zählt. Katona's historia critica allein bildet 45 dicke Octavbände. Pray kann mit Recht der Vater der neuern ungarländischen Geschichtsschreibung heissen.

[1]) Vgl. das Verzeichniss bei Ph. Wolf: Allg. Geschichte der Jesuiten, von dem Ursprunge ihres Ordens bis auf gegenwärtige Zeit. IV. S. 407—414. Zu den Werken dieser Art bessern Schlages zählen z. B. Histoire impartiale des Jesuites depuis leur établissement jusqu'à la première expulsion. 2 Bde. 8° Berlin und Halle 1769—70. I. J. 1759 erliess die österr. Regierung ein Hofdecret, dass nichts, was für oder wider die Jesuiten geschrieben werde, im Inlande gedruckt werden dürfe. 1760 versuchte die Kaiserin durch eine ähnliche Verordnung den Orden wider Insulte in Schutz zu nehmen.

[2]) Secreta monita Jesuitarum. Eine geschickte Zusammenstellung von Maximen, die für geheime Verhaltungsbefehle des Jesuitenordens ausgegeben wurden. Die einzelnen Capitel behandeln folgende Gegenstände: Wie sich der Orden zu benehmen habe, wenn er an irgend einem Orte die Gründung eines Collegiums beginnt; wie er die Zuneigung der Fürsten und Grossen sich erwerben und erhalten solle; wie er sich gegen jene zu benehmen habe, welche grosses Ansehen im Staate genössen und wenn auch unbemittelt, doch auf andere Weise nützlich sein können u. s. w. Das 6. Capitel z. B. betrifft den Punkt, wie sich der Orden reiche Witwen geneigt machen könne. Wer nun die Detailgeschichte des Jesuitenordens in Ungarn kennt, weiss, wie viel der Orden der Gönnerschaft reicher Witwen verdankte. Und so liessen sich in der That so ziemlich für jedes Capitel Einzelbelege finden.

[3]) Harenberg: Pragmatische Geschichte des Ordens der Jesuiten seit ihrem Ursprunge bis auf gegenwärtige Zeit. 2 Bde. 4° Halle 1760. Selbst von protestant. Seite: „Briefe, die neueste Literatur betreffend", 9. St. 149. Bl. . . . wurde Harenberg scharf kritisirt. — Gegen ihn erschien, offenbar von einem Jesuiten, Kritische Jesuitengeschichte... von einem Liebhaber der Wahrheit. Frankfurt u. Leipzig 1765. 8° 750 SS. Text.

die er da und dort einschlug und die in seinen authentischen „Jahres-
briefen" verewigt werden, — mit dem Inhalte jener „geheimen Vorschriften", so muss man wohl gestehen, dass diese fingirte Theorie mit
der localen und zeitweiligen Praxis des Jesuitenordens in bedenklicher
Weise zusammenstimmt. Denn das ehrgeizige Haschen nach äusseren
Erfolgen, das Streben nach Geltung und Vorherrschaft im socialen Leben
der Kirche ist ein Grundmerkmal der Gesellschaft Jesu, der Schlüssel
zu manchem ihrer überraschenden Erfolge, aber auch die gefährliche
Klippe für ihre Zukunft und jene Seite der Ordensthätigkeit, die man
„Jesuitismus" zu bezeichnen sich gewöhnte. Sie warf den Schatten
auch auf die Einzelverdienste des Ordens um Seelsorge, Unterricht und
Wissenschaft.

Seit den Tagen der Mitregentschaft Kaiser Joseph's beiläufig —
äussert sich in den massgebenden Regierungskreisen Wiens die wachsende
Abneigung gegen den Orden und diese Anschauung konnte nicht ohne
Rückwirkung auf Ungarn bleiben. Gleiches gilt von dem neuen Geiste
der Wiener Universität, wo ein Rieger, Martini, Stock, Bourgignion
u. A. dem Orden und seiner Lehrmethode nichts weniger als befreundet
waren. Einflussreiche Ungarn, an dieser Hochschule gebildet, wie
Ürményi [1]), Szécsen, Lakics [2]) wurden für ihre Heimat die Träger der
gleichen Reformgedanken. Man strebte Neuerungen im versumpften
akademischen Leben Ungarns an; der Staatsrath war diesem Streben
befreundet, namentlich dessen Mitglied Borie, und vor Allem erspriesslich
war die Geneigtheit des Hofkanzlers Franz Eszterházy.

Der Reformplan betraf vorzugsweise die Ergänzung der Tyrnauer
Hochschule mit einer, namentlich von van Swieten befürworteten,
medizinischen Fakultät, nachdem man die verschiedenen Bedenken wider die Oertlichkeit fallen gelassen hatte. Ein Befehl der
Kaiserin-Königin vom 14. December 1769 knüpfte die neue Aera der
Hochschule an das Jahr 1770, und den 29. October des genannten
Jahres erliess die ungarische Statthalterei, welche seit 1765 immer
angelegentlicher das Studienwesen Ungarns ihrer Controle zu unterziehen
begann [3]), die bezügliche Verordnung. Die Jesuiten bekleideten nunmehr an der theologischen Fakultät fünf, an der philosophischen sieben
Lehrerstellen. Sie thaten Alles, um den Regierungsforderungen ent-

---

[1]) Joseph Ürményi, Rath und Referent der k. Hofkanzlei, s. 1770 Con-
curs-Commissär für die Tyrnauer Universität.

[2]) Georg Simon Lakics, g. 1736, Dr. der R. und Professor des Kirchen-
rechtes zuerst in Tyrnau, dann nach Uebertragung der Universität, in Ofen;
s. 1780 Hofcensor, Facultätssenior etc., endlich Statthalterei-Hofrath.

[3]) S. Merkur f. U. 1787. I. S. 20 ff.

gegenzukommen, selbst von den eigenen Statuten wichen sie ab. Sie fühlten eben den Boden unter ihren Füssen wanken und dieses Gefühl machte sie geschmeidig [1]).

Selbst im ungarischen Episcopat, der besonders früher ein werkthätiger Gönner des Ordens gewesen, — man denke nur an die Graner Kirchenfürsten des 17. Jahrhundertes, an Lippai, Pázmán, Lósi, Szelepcsényi, Georg Széchényi und Kollonich — gestaltete sich die Stimmung Einzelner, gegenüber dem Unterrichtsmonopole der Jesuiten — ungünstiger und kritischer. Im Jahre 1754 wagte es der Erlauer Bischof Barkóczi seine Cleriker von der Jesuitenhochschule in Kaschau wegzunehmen und in Erlau unter weltgeistliche Leitung zu stellen. Der Waizner Bischof, Carl Eszterházi, zog für seine Seminaristen den Unterricht durch Dominikaner vor [2]). — Aber am meisten Sorge musste der Gesellschaft Jesu das wachsende Gedeihen eines Ordens erwecken, der seit seiner Einwanderung nach Ungarn auf dem Boden des Unterrichtes Concurrent und Nebenbuhler blieb; es ist dies der Orden der Väter der frommen Schulen (ordo patrum scholarum piarum), der Piaristen [3]).

Noch zum Schlusse des 17. Jahrhundertes waren die Anfänge des Piaristenordens im Karpathenlande sehr bescheiden. Die „Congregatio pauperum Dei" (Gesellschaft der Armen Gottes), dies war der eigentliche Name der Piaristen, gebot damals über zwei Collegien, zu Pudlein in der Zips, wohin die Gründer aus dem Mutterstifte Leipnik, in Mähren, gekommen und zu Privigye, im Neutraer Comitate; ausserdem besassen die Piaristen noch zwei Residenzen in Briesen (Breznobanya) und zu St. Georgen, in der Pressburger Gespanschaft. Die Stiftung jener beiden Collegien fällt in die Jahre 1642—1666; die der Residenzen knüpft sich an die Zeit von 1673—1686.

Um so stärker war der Anlauf zum Emporkommen des Ordens in Ungarn während des 18. Jahrhundertes. Bald finden wir Collegien

---

[1]) Das Actenmässige hierüber im Merkur f. Ungarn 1787, S. 35—54 und in dem leider wie immer sehr eilig zusammengestoppelten Werke von G. Fejér: Historia Academiae Scientiarum Pazmaniae, archiepiscopalis ac M. Theresianae Regiae Literaria, Tyrnaviensis anno alterum, Pestanae Semi-Seculari. Ofen 1835. 4° 220 SS. Text. 95 SS. Urk. S. 88 ff. Urk. S. 29—34.

[2]) S. Fessler: G. d. U. 10. S. 397 f.

[3]) Ueber die Verbreitung des Piaristen-Ordens in Ungarn gibt allgemeine Aufschlüsse der Merkur f. U. 1787. I. 402 ff. Die literarischen Leistungen dieses Ordens sind, in Biographien und Auszügen, verzeichnet von dem Piaristen A. Horányi: Scriptores piarum scholarum ... Ofen 1808—9. 2 Bde. 824 u. 900 SS. (in alphabet. Ordnung).

in Neutra (1701), Vessprim (1711), Waizen (1714), Kecskeméth (1714), Pest (1717), Debreczin (1719), Karpfen (1720), Szegedin (1720), Gross-Károly bei Szathmár (1727), Szigeth in der Marmarosch (1730), Zeben im Sároscher Comitate (1739), St. Anna in der Arader Gespanschaft (1751), zu Totis (1764) und Kalocsa (1765). Im Jahre 1765 zählten die Piaristen bereits 24 Oertlichkeiten ihres gedeihlichen Wirkens, denn zu den 18 Collegien traten noch sechs Residenzen (zwei in Siebenbürgen) und überdies bestanden in zwei grösseren Landstädten, zu Neutra (1705) und Debreczin (1725) Convicte und Seminarien mit den Collegien verbunden.

So war der Piaristenorden in Ungarn zu einer Machtstellung gelangt, die am wenigsten von der Gesellschaft Jesu unterschätzt werden durfte. Es war für sie eine empfindliche Demüthigung, als Maria Theresia die so reich bestiftete Waizner Adelsakademie der Leitung ihrer Rivalen anvertraute (1767) [1].

Man darf den Vätern der frommen Schulen überhaupt ein richtiges Verständniss ihrer Interessen ebensowenig als das für die Zeit und deren Forderungen absprechen. Weniger von der Gunst der Verhältnisse getragen, als dies bei der Gesellschaft Jesu der Fall war, im Besitze keiner so weltumspannenden Macht, musste sich der Piaristenorden mit bescheidenen Erfolgen begnügen; um so mehr empfand er das Bedürfniss, sich dem herrschenden Regierungssysteme anzuschmiegen, seinen Forderungen entgegenzukommen und gerade den Nützlichkeitsstandpunkt in der Bildung der jüngeren Generation, die realen Studien — festzuhalten und zu pflegen. Gerade das, was um das Jahr 1770 Staatsminister Graf Pergen in seinem Vortrage über „Zustand und Grundfehler der damaligen Schulen und dahin gehörigen Anstalten", dem Jesuitenorden vorgeworfen hatte, er liesse den „grossen und allein guten Endzweck" des Unterrichtes, „dem Staate brauchbare Glieder zu erziehen" ganz ausser Acht, „Zwang und Unwissenheit" schienen „die zwei Grundpfeiler zu sein, worauf die Jesuiten das Gebäude ihrer Herrschsucht in Schulen aufzuführen und die Bildung der unter ihren Händen befindlichen künftigen Generationen nach ihrem Sinne zu veranstalten immerfort sich bestreben" [2] — gerade dieses Unpraktische einer veralteten Lehrmethode suchten die Piaristen zu vermeiden.

---

[1] S. Merkur f. U. 1787. I. 412—13. Die Stiftungsurkunde v. 5. Nov. 1767. Das Stiftungskapital 150.000 fl.. 20 Stiftlinge und 7 Piaristen als Lehrer. Charakteristisch ist das Schweigen des Jesuiten Katona darüber in seiner sonst so minutiös genauen hist. crit. Hung.

[2] Ueber Pergen und seinen Reformplan s. A. Fh. v. Helfert: Die österr. Volksschule. Gesch. System. Statistik. I. Bd. Prag 1860. S. 195 206; 619 - 626.

Ein Zeitgenosse, der den Jesuiten principiell durchaus nicht abgeneigt ist, bezeichnet ziemlich richtig den Gegensatz der Lehrmethode beider Orden [1]). „Die Jesuiten schienen die Jugend besonders für den Ordens- und weltgeistlichen Stand, welcher dazumal der mächtigste war und den Erziehern die Oberhand auf immer versichern zu können schien; die Piaristen aber für den weltlichen, welcher wenigstens von Seiten der Gelehrsamkeit keine sonderliche Rolle bei den damaligen Zeiten spielen konnte, zu erziehen und man muss gestehen, dass die Piaristen weit eher zu ihren absichtlichen Zwecken gelangten als die Jesuiten . . .‟

Eine der bedeutendsten Persönlichkeiten des Piaristenordens, als Lehrer, Prinzenerzieher und endlich Kirchenfürst Ungarns — ist unstreitig der zeitgenössische Anton Bajtai [2]). Magyare von Abstammung den 14. Dez. 1717 zu Zsidó im Pester Comitate geboren, machte er seine theologischen Studien in Rom und Paris, bereiste die Niederlande und nahm seinen Aufenthalt für einige Zeit in Berlin, wo er sich unter dem Namen L. B. Barclaj der Gönnerschaft des Preussenkönigs erfreute. Nach Ungarn heimgekehrt, erregte er durch seine wissenschaftliche und politische Bildung, sowie durch seine Redebegabung gerechtes Aufsehen. Er ward dann Präfect der savoyischen Ritterakademie in Wien [3]), wo vorzugsweise Piaristen lehrten und zwar in deutscher, französischer und italienischer Vortragssprache, weiters Geschichtslehrer des Thronfolgers Josef, endlich im Jahre 1760 Bischof von Siebenbürgen, Freiherr und geheimer Rath. Sein Tod (15. Jänner 1773) fällt gerade vor die Zeit der Aufhebung des Jesuitenordens.

In seinen Erörterungen über den geschichtlichen Unterricht, abgefasst im J. 1750, zur Zeit, wo er Vorsteher der savoyischen Ritteracademie war, tadelt er den antiquarischen Standpunkt der historischen ·Lehrmethode. Man plage die Jugend mit mythologischem Kram, statt ihr in derselben Zeit mit weit grösserem Nutzen, von den Thaten und Helden des laufenden Zeitraumes zu erzählen. Man sieht da den politischen Nützlichkeitsstandpunkt mit aller Entschiedenheit betont. Der Geschichtslehrer solle den lebendigen, unmittelbaren Nutzen seiner Wissenschaft für die Jugend im Auge haben. Von Bajthai's literarischer Hinterlassenschaft ist das unstreitig interessanteste Manuscript — die lateinische Abfassung jener geschichtlichen Vorträge, die für den Unterricht des Thronfolgers bestimmt waren. Die „geheime Geschichte Ungarns‟

---

[1]) Merkur f. U. 1787. 1. S. 12—13.
[2]) Ueber Bajtaj s. Horányi scr. piarum scholarum I. 76—119 besonders von ebendemselben: Memoria nova Hungarorum I. 213 f.
[3]) Auf der Laimgrube; mit dem späteren Theresianum endlich vereinigt.

(historia arcana Hungariae) erscheint darin in 6 Zeiträumen, begrenzt von den Jahren 714, 1299, 1526, 1608, 1711 — gegliedert; den Eingang apostrophirt er mit dem Citate aus Cicero's Buche „vom Redner" (de oratore): „Prima est historiae lex veritas" — „Das erste Gesetz der Geschichte ist die Wahrheit". Das Studium dieser Wissenschaft sei für den Regenten vor allen nothwendig, um daraus vorzugsweise die Kunst des Herrschens zu erlernen. „Wer gut regieren wolle, müsse seiner Zeit gelernt haben zu gehorchen." Die Fürsten besässen allerdings heilige Vollgewalt zum Herrschen, doch bedächten weise Regenten, dass blosse Gewalt schliesslich die Liebe des Volkes entzöge und diese sei in jedem Staate die einzige Grundlage und Handhabe der Herrschaft. — Andern Ortes empfiehlt Bajtai: Gesetzlichkeit, Güte und Leutseligkeit als die besten Bürgschaften einer beliebten Regierung.

Bemerkenswerth sind Bajtai's Anschauungen über die drei akatholischen Bekenntnisse im Lande. Sie kennzeichnen den klugen Kirchenmann, der die Ueberlegenheit des Katholicismus nicht durch offene Gewaltmittel, sondern durch zeitgemässes Handeln und zielgerechte Geheimmittel sichern will.

„Es gibt drei eingewanderte Religionen, an Kräften und Bekennern beinahe gleich, nämlich die protestantische, reformirte und griechische. Die Stellung, Freiheit und Gerechtsamen der beiden Ersteren sind durch den Wiener Frieden und die Reichsgesetze von 1608 geregelt. Die Letztgenannte erscheint durch Gnaden und Schutzbriefe der Herrscher altersher befestigt; alle geniessen überdiess einer solchen Gönnerschaft auswärtiger Fürsten, dass, sobald sie irgendwelche Gewalt erleiden, unverzüglich die **Engländer, Holländer, Preussen** und **Moskowiter** ihre Vermittlung einsetzen. Das ist aber auch die Ursache, dass man sie ohne Gefährdung und Schädigung des Staates **offen** kaum stören darf; obschon es den Fürsten nie an **geheimen Anschlägen** fehlen wird, sie vorerst zu beeinträchtigen, und endlich, wenn sie es wollen, gänzlich zu unterdrücken. Es gibt nämlich nichts in der Welt, was nicht die Fürsten durch Klugheit, Abwarten und günstige Gelegenheit erreichen könnten [1]). Es enthalten diese Gedanken allerdings einen bedenklichen Beigeschmack jener Weltklugheit, die sich in der Wahl der Mittel minder gewissenhaft zeigt. Anderseits liesse sich diese Stelle auch als blosse Feststellung einer leidigen und gemeingültigen Thatsache

---

[1]) Nihil est enim in rerum natura, quod prudentia, cunctatione, rerum temporumque opportuno usu Principes non assequantur. Fessler 10, 320, der diese Stellen auch anzieht, bedauert den Ausspruch dieses „machiavellistischen" Prinzips.

auffassen. — Für Bajtai's freieren Gesichtskreis liefert eine willkommenen Beleg sein Schreiben an Freiherrn Andrássy, der damals in Turin studirte. Er gab ihm den Freundesrath, die Rechtswissenschaft aus den Werken der Protestanten Hugo Grotius und Pufendorf zu studiren[1]). Ein anderer ungarländischer Piarist dieser Zeit, Papánek, tüchtiger Linguist, spricht in seiner mit Esprit geschriebenen und dem neuverehlichten Grafen Josef Forgács gewidmeten Abhandlung „über die Ehe", als seine Lebensmaxime aus: „er wolle lauter leben, freimüthig schreiben, ohne den Anstand zu verletzen, ohne die Religion zu schädigen, ohne das Vaterland zu verläugnen und ohne die Handlungen der Könige zu untersuchen, deren Geheimnisse man nie zu ergründen wisse". Diese in gutem Französich geschriebene Gelegenheitsmache führt den Titel: „Problême sceptique est-il-bon de se marier?" Mit Glück und Freiheit rechtfertigt sich der Verfasser, wie er als Ordensmann dazu komme, über ein solches Kapitel, wie dies der Ehestand ist, sich auszulassen[2]).

Kehren wir aber nach dieser Abschweifung zu dem Jesuitenorden zurück. Er lebte in einer gewitterhaften Atmosphäre, gewaltige Gegner bedrohten sein Dasein; aber noch pochte er auf seine Vergangenheit, sein altes Glück auf die breite Grundlage seiner Herrschaft in Schule und Leben, — da warf sie Ein Schlag in Trümmer, geführt von der höchsten Kirchenmacht, die sonst gewohnt war, vor Allen die Gesellschaft Jesu zu schützen; den 21. Juli des J. 1773 trat die Bulle Clemens XIV. „Dominus ac Redemptor noster" der erstaunten Christenwelt vor Augen und erklärte den Orden als „unterdrückt, ausgelöscht, abgeschafft und beseitigt".

Eine ganze Literatur für und wider knüpft sich an diese, man darf wohl sagen, weltgeschichtliche Thatsache und das Urtheil der Zeitgenossen schwankte wirr durcheinander[3]). Diese Literatur, diese wider-

---

[1]) Der Brief in Horányi's serr. p. schol. S. 100 f. Auch Fessler a. a. O. S. 320 führt ihn an.

[2]) Ueber Papánck s. Horányi a. a. O. II. 446 f. (geb. 1743, † 1784).

[3]) Diese Literatur, ziemlich vollständig verzeichnet in dem, zwanzig Jahre später erschienenen, Werke Ph. Wolf's: Geschichte der Jesuiten, IV. 407—414. Die verschiedenen Urtheile zusammengestellt oder besprochen bei Theiner: Geschichte des Pontificats Clemens XIV. Aus dem geheimen Archive des Vaticans I. II. Band: Leipzig, Paris 1853 (I. 1770, 548 SS. II. 1771—73, 534 SS.); wozu noch als vorlaufender Band gehört: Clementis XIV. pontif. Max. Epistolae et Brevia selectiora. Paris 1852. 403 SS.; gewöhnlich als III. Bd. citirt; II. Bd. S. 468—527; sodann in Kink's Gesch. der Wiener Universität, I. 493 f. A. Wolf: Maria Theresia 415 f. 432 f.; Fh. v. Helfert: Geschichte der österr. Volksschule I. 277 ... Ziemlich nahe dem Ereignisse stehen: die „Sammlung der merkwürdigsten Schriften, die Aufhebung des Jesuitenordens betreffend", und das „Magazin zur Geschichte der Jesuiten", 3 Hefte, 8° Erfurt 1787.

sprechenden Urtheile im Einzelnen zu mustern kann meine Aufgabe
nicht sein. Eines jedoch dürfte die Handlungsweise Ganganelli's unwider-
leglich geleitet haben, die Erkenntniss nämlich, man müsse den Forderungen der Zeit, dem Bedürfnisse des kirchlichen Friedens entgegenkommen
und von Seiten der höchsten geistlichen Gewalt eine gemeingültige Massregel treffen, durch welche dem eigenmächtigen Vorgehen der bourbonischen
Höfe in dieser Angelegenheit das Merkmal einer gewaltsamen Ausnahms-
verfügung zum Schaden des hierarchischen Ansehens — benommen
würde.

Dass Papst Clemens XIV. weder aus kleinlicher Furcht noch
Uebereilung den Jesuitenorden aufhob, sondern aus reiflicher Erwägung
dessen, was man Logik der Thatsachen zu nennen pflegt — wer wollte
das läugnen? Aber den politischen Charakter dieser Verfügung in
Abrede stellen zu wollen — wäre nicht minder gewagt [1]).

Und dieser politische Charakter, dieser äussere Anlass der berufenen
Bulle war es auch, der Friedrich II. von Preussen, der Katharina II.
von Russland bewog — im Gegensatze zu Oesterreich, die Rolle von
Gönnern des aufgehobenen Ordens zu spielen; er war es, den die
jesuitischen Vertheidigungsschriften aufs schärfste anzugreifen und zu
verdächtigen bemüht waren, er war es, gegen welchen auch protestantische
Zeitgenossen die Lanze, zu Gunsten des gefallenen Ordens, einlegten.
In diesen politischen Standpunkt trugen die erbitterten Jesuiten, wie
Georgel [2]) und Genossen, die gehässigste Auffassung und die geharnischte
„Denkschrift" an Pabst Pius VI., Ganganelli's Nachfolger, vom J. 1780
— eine der ausführlichsten Apologieen des Ordens [3]), glaubt auch die

---

[1]) Theiner's o. cit. Quellenwerk über das Pontificat Clemens XIV. setzt
sich die Hauptaufgabe, Clemens XIV. Handlungsweise gegen den Jesuitenorden
zu rechtfertigen, sein Andenken gegen die Verleumdungen der Gesellschaft Jesu
zu schützen. Aus der ganzen ausführlichen Erörterung geht wohl nichts anderes
hervor, als das im Texte Bemerkte; auch Theiner kann in letzter Linie die
politischen Motive des Pabstes, inmitten der schwierigsten Verhältnisse, nicht in
Abrede stellen. Aber vollkommen Recht hat er in der Vertheidigung des lautern
Charakters Ganganelli's.

[2]) Georgel: Memoires pour servir à l'histoire de evenements de la fin
du XVIII siècle. Paris 1817. Vgl. die scharfe Kritik Theiner's über diese Schmäh-
schrift im II. Bde. s. Werkes.

[3]) Memoria Catolica da presentarsi a S. S. (Sua Santità). Opera po-
stuma. Cosmopoli 1780, fol. 188. Pius VI. verdammte diese Schrift mit Bulle
v. 13. Juni 1781. Diese interessante, mit Geschick, aber auch mit Verbissenheit
abgefasste Apologie des Jesuitenordens, den der neue Pabst, Ganganelli's Nachfolger, wieder herstellen sollte, druckte sammt der Bannbulle ab: Joh. Fried.
le Bret in dem „Magazin zum Gebrauche der Staaten und Kirchengesch., wie

weltlichen Rücksichten gegen die Wiedererhebung des Ordens vor dem neuen Papste bekämpfen, die politischen Bedenken des römischen Stuhles beseitigen zu sollen; sie sagt an einer Stelle: „.. In der That ist auch der Widerspruch, welcher sich Ihren (d. i. des Papstes, an den die Denkschrift gerichtet) heiligen Gedanken widersetzt, nicht so gross, denn es sind heutzutage, wie zu den Zeiten des Jeremias, die christlichen Fürsten und Monarchen nicht Ihre wahren Feinde. Nein, heiligster Vater, eben die Monarchen selbst, deren Gewalt man missbraucht, um Sie zu erschüttern, haben an diesem teuflischen Krieg weiter keinen Antheil, als dass sie ihren Namen dazu hergeben. Ihr Herz ist katholisch und christlich. Die Verschwörung besteht aus nicht vielen, aber schlauen und lasterhaften Ministern, sichern Apostaten von dem Glauben Jesu Christi, Verräthern ihrer Souveräne selbst, deren Ehre und Interesse sie ihrem Hasse wider Sie und die Kirche aufopfern. Sie können die Cabalen und Felonien wohl und Sie haben die authentischen Urkunden von ihrer Ligue, ihren Verräthereien, ihren Treulosigkeiten in Händen. Es steht also in Ihrer Macht, dieses boshafte Gewebe ihren Souveräns und dem ganzen Europa zu entdecken. Lassen sie einmal jene Hülle fallen, welche bisher eine unnützliche Geduld ihrem Verbrechen vorgehängt hat. „Erfülle ihr Antlitz mit Schande und sie werden deinen Namen suchen" (Imple facies eorum ignominia et quaerent nomen tuum)".........

Den 9. und 10. September des Jahres 1773 erhielt der Oberstkanzler die Handbriefe der Kaiserin, wonach das Breve Clemens XIV. verkündiget werden sollte. Vier Tage später erklärte Erzbischof Migazzi das Wiener Jesuiten-Collegium für aufgehoben. Es war der Ausgangspunkt für die Verfügungen im Bereiche des ganzen Staates. In Ungarn begann die Aufhebungs-Commission ihre Arbeit im Spätherbste desselben Jahres. Im Laufe des Octobers war sie grossentheils zu Ende geführt. Ein Hofdecret der Kaiserin befahl die rücksichtsvollste Behandlung der Ordensgenossen [1]).

Der Gesammtertrag, der später aus der Einziehung der Güter und Capitalien des Jesuitenordens — dem Studienfonde zufloss, betrug, geringe angeschlagen, über 1½ Millionen Gulden. Natürlich muss man den ursprünglichen Werth noch einmal so hoch anschlagen. Am

---

auch des geistl. Staatsrechtes katholischer Regenten". 8. Th. Ulm 1783. S. 139 bis 375. u. zw. ein Stück in der italienischen Originalsprache, das andere in deutscher Uebertragung. aus schriftstellerischen Gründen (s. Vorrede).

[1]) Das bezügliche Hofdecret (im „Merkur f. U." 1787. I. 203—217) v. 20. Sept. 1773. Ebdt. S. 218—219 findet sich eine chronologische Uebersicht der einzelnen Aufhebungen.

reichsten dotirt erschienen das Raaber, Ofner, Pressburger und Trentschiner Collegium, unter den Residenzen des Ordens, die Komorner [1]).

Forschen wir nach den gleichzeitigen Stimmen in Ungarn, Angesichts dieser Katastrophe im kirchlichen Leben — so vermissen wir sonderlich lebhafte Kundgebungen der Befriedigung oder des Missbehagens. Der Episcopat fügte sich leicht in eine Massregel, deren Initiative vom römischen Stuhle ausgegangen war und die anderen Orden hatten keine Ursache, den Fall ihres mächtigsten Genossen zu bedauern, der natürlich bemüht war, sich durch verschiedene Flugschriften als Opfer der Verhältnisse und Märtyrer der päbstlichen Politik darzustellen. Doch gab es auch in ihrem Kreise Stimmen zu Gunsten des Ordens. Der Piarist Alber schrieb in seiner Kirchengeschichte vom Jahre 1793, die Aufhebung der Gesellschaft Jesu sei zu bedauern; Oesterreich habe sich dabei nur widerwillig dem Drucke auswärtiger Verhältnisse gefügt [2]).

Eine förmliche Vertheidigungsschrift grösseren Umfanges, zu Gunsten der Jesuiten in Ungarn, erschien von einem Ordensgenossen bereits im Jahre 1774, und wurde von der Regierung zur Strafe der öffentlichen Verbrennung verdammt [3]). Im Jahre 1792 folgte zu Kaschau ein Buch, das sich mit ziemlicher Ausführlichkeit, aber in massvollerem Tone, dieser Aufgabe unterzog [4]). Am schwierigsten gestaltete sich der augenblickliche Ersatz der Jesuiten im Unterrichtswesen Ungarns. Kein Wunder, dass hier mehr als anderswo von Exjesuiten in lehrämtlicher Verwendung blieb. Eine Reihe befähigter Männer des aufgehobenen Orden war auf diesem Boden eben unentbehrlich und die Regierung konnte sich dieser Thatsache nicht verschliessen. Den nächstliegenden Ersatz an Lehrkräften suchte man im Orden der Piaristen und Franziskaner. Ein Hofdekret vom 1. Jänner 1773, also noch v o r der Aufhebungsbulle erlassen, hatte ohnedies schon die gesammte Klostergeistlichkeit Ungarns aufgefordert, sich für theologische und philosophische Professuren vorzubereiten [5]). Man sieht, wie die Regierung die Concurrenz im Lehramte unter den geistlichen Orden im Lande anregen und an dem Unterrichtsmonopole der Jesuiten rühren wollte, bevor noch die Entscheidung gefallen.

---

[1]) Eine umständliche Zusammenstellung und Berechnung des Ganzen, im Merkur a. a. O. S. 247 f. Vgl. Schwartner's Statistik d. K. Ungarn. 1798. S. 527.

[2]) Joh. Alber: Institutiones historiae ecclesiasticae a. Chr. n. u. a. a. 1790. 4 Th. Kalocsa 1793. II. 489.

[3]) Das Pamphlet führt den Titel: „Amicalis defensio Jesuitarum et casuales cogitationes et argumenta super processus contra Jesuitas."

[4]) Castigatio libelli: Jus Reipublicae in bona ecclesiasticorum dicti . . Cassoviae 8° 492 SS.

[5]) Merkur f. U. a. a. O. S. 477 . . .

Ein Jahr darauf (1774, 4. März) erörterte ein k. Hofdekret die neuen Grundsätze des Unterrichtswesens [1]), vier Jahre später (1777) trat der neue Studienplan, die Ratio educationis totiusque rei litterariae per regnum Hungariae, ans Licht [2]), und gleichzeitig fand die Uebertragung der Universität des Landes von Tyrnau nach Ofen statt [3]). Die neue Aera des Studienwesens ward hiemit eingeleitet. Aus diesem Bereiche der Studienreformen, die immer entschiedener jenen Geist athmen, welche Freunde und Gegner den „Josephinismus" zu nennen beliebten, greifen wir nur jene heraus, in welchen sich Unterricht und Cultus aufs innigste berühren.

Es ist das Volksschulwesen, unstreitig die kostbarste Errungenschaft der Epoche Maria Theresias und ihres Thronfolgers auf dem Boden des Unterrichtes [4]).

Eine wichtige Rolle spielte dabei der preussische Unterthan, Johann Ignaz Felbiger, Abt des Augustinerklosters von Sagan, der selbst seine Reformpläne aus dem Studium protestantischer Lehrweise, zunächst (seit 1762) an der Berliner Realschule — geschöpft hatte. Er gründete ein Lehrerseminar, eine Buchdruckerei und aus dieser gingen 1766—1769 die römisch-katholischen Katechismen hervor, sowie jene Schulbücher und Schulvorschriften, die ein wachsendes Aufsehen in der katholischen Welt erregten [5]). Die österreichische Regierung, die sich dazumal mit Neuerungsplänen im Volksschulwesen ernstlicher als je beschäftigte, wurde auf Felbigers Thätigkeit aufmerksam und sandte schon 1768 einen fähigen jungen Schulmann, Anton Felkel nach Sagan um die dortige Lehrmethode kennen zu lernen — dann aber entschloss man sich Felbiger selbst zur Leitung der schwierigen Reformen des Volksschulwesens nach Oesterreich zu berufen [6]); es war dies ein Jahr nach der Aufhebung des Jesuitenordens (1774) und schon zwei Monate nach seiner Berufung (Juli 1774) überreichte Felbiger der niederösterreichischen Schulkommission seinen „allgemeinen Schulplan". Felbiger, der Rationalist, wie ihn die altconservative Kirchenpartei nannte, der Reformator

---

[1]) Merkur f. U. 479 . . .

[2]) Wien. 8° 496 SS.

[3]) Merkur f. U. 1786. 1—10. Heft. Kürzer zusammengefasst bei Katona h. cr. II. 39. Bd. 876—9. Fejér: Hist. Acad. 105 ff. Urkd. Anh. S. 53 f.

[4]) Merkur f. U. 1786—1787. Katona 39. Bd. Fessler 10. Bd. Helfert's Gesch. der österr. Volksschule . . .

[5]) Ueber Felbiger s. Walch's Neueste Religionsgeschichte . . . 2. Thl. Lemgo 1772. S. 217—258; K. A. Menzel: Neuere Gesch. der Deutschen. 11. Bd. S. 423 ff. Helfert die oe. V. 1.

[6]) Helfert a. a. O. 101 . . . 134 f.

— der nach ihrem Urtheile vom Protestantismus angekränkelt erschien — sollte auch für Ungarn in Bezug auf den Religionsunterricht die massgebende Persönlichkeit werden.

Das Mandat der Kaiserin vom 8. Nov. 1774 forderte den ungarischen Episcopat auf, über Felbigers „erläuterten Katechismus zum Gebrauche der deutschen Volksschulen‟ sein Gutachten abzugeben, denn es war Absicht der Regierung, das Buch ins magyarische und slavische Idiom übertragen zu lassen, um so ein muster- und gemeinnütziges Lehrbuch für den Glaubensunterricht im Bereiche der Gesammtmonarchie durchzubringen.

Im Sommer des nächsten Jahres sprach die Rathsversammlung der kirchlichen Würdenträger, als „bestallte Commission in Glaubenssachen‟ [1]) ihr Verdict über den Katechismus des deutschen Fremdlings und Neuerers aus, der allerdings den gewagten Versuch unternommen hatte, die jesuitische Grundform des canisischen Katechismus zu lockern und seinen positiven Inhalt mit Anschauungen zu verquicken, in denen man „Naturreligion‟, „Freigeisterei‟ u. dgl. entdeckte.

In dem ausführlichen Protocolle der Commission kommen der Reihe nach die Bedenken der ungarischen Theologen zur Sprache. Zu ihnen zählte auch Cardinal-Erzbischof Migazzi, in seiner Eigenschaft als Inhaber des Bisthums von Waizen. Das Endergebniss der überaus umständlichen Prüfung war vorauszusehen.

„Da dieser deutsche Katechismus‟ besagt der Wortlaut des Gutachtens „von dunklen, zweifelhaften, ja auch irrigen und gefährlichen Behauptungen strotzt, deren Zahl 197 beträgt, so könne er die überaus fromme Absicht Ihrer geheiligten Majestät schwerlich fördern, wohl könne man aber zufolge dieses Urtheiles vorhersehen, dass gerade die durch ihn angehoffte Gleichförmigkeit im Religionsunterrichte auf sehr viele Hindernisse stossen werde‟ .... „Die Kaiserin‟ hiess es weiter. „möge dafür sorgen, dass jener Katechismus weder der Schuljugend, noch dem Volke vorgetragen werde; aber auch die Uebersetzung dieses Buches in die in Ungarn lebenden Sprachen solle nicht gestattet sein; man habe es im Gegentheil zu verbieten und zu unterdrücken.‟

Der ungarische Historiker, Aurel Fessler, ein nahestehender Zeitgenosse, gewesener Zögling der Gesellschaft Jesu und bei allem Antagonismus gegen ihre Grundsätze — nicht ohne Rücksicht für ihre Verdienste um die Schulbildung, — nennt den Geist dieser Beschlüsse „jesuitisch‟ [2]). In der That kann man ihn so nennen, denn die da-

---

[1]) Commissio in negotio religionis ordinata. Merkur f. U. 1787. 859—978; enthält das ganze bezügliche Actenstück.

[2]) Fessler 10. 339 f.

malige Generation des ungarischen Clerus war fast durchwegs in den
Bildungsanstalten der Jesuiten herangewachsen.

Aber auch anderorten stiess die Einführung des Felbiger'schen
Katechismus auf Widerstand, so z. B. von Seiten des damaligen Fürst-
bischofes von Seckau.

Es war nicht blos die Opposition gegen den verdächtigen Inhalt
des Buches sondern mehr noch vielleicht wider die Einführung „von
Staatswegen."

Nirgends ist das Autonomiegefühl kräftiger und streitlustiger ausgebildet als in der Kirche, in Ungarn tritt noch die nationale Anti-
pathie hinzu. So wehrte man sich denn hier mit wachsender Sorge
gegen die immer mächtiger andrängende Schulreform, die vom jenseitigen
Ufer der Leitha den Beigeschmack des Deutschthums und der Aufklärung mit sich brachte. Man konnte diesen Geist des kirchlichen
Widerstrebens am Ofner Studiencongresse vom Mai 1778 sehr wohl
herausfühlen.

3. Die kirchlichen Neuerungen Josephs. II. — Der Episcopat und Protestantismus Ungarns in seinen Tagen (1780—1790).

Wir haben es bis dahin vorzugsweise mit Ereignissen und Zuständen
des ungarischen Kirchenlebens zu thun gehabt, zuweilen fiel unser Blick
auf Persönlichkeiten, die über die Linie des Gewöhnlichen hervorragend
— als Triebfedern und Kräfte eingriffen. — Doch fanden wir uns nicht
genöthigt, Musterung zu halten unter den Vertretern der katholischen
Hierarchie Ungarns, denn noch waren die Tage nicht gekommen, wo
sich der ungarische Episcopat für oder wider ein durchgreifendes Neuerungs-
system der Regierung in kirchlichen Dingen auszusprechen genöthigt sah,
, wenn wir auch zugeben wollen, dass sich dieser Principienkampf in den
letzten Jahren der Kaiserin — Königin leise anzukündigen begann.

Mit den Tagen der Alleinregierung Josephs II. wird dies anders.
Von seinem Cabinete aus decretirt der Monarch den Umschwung der
Dinge [1]). 1781, 24. März erscheint die Verordnung, welche die Im-
munität der geistlichen Orden aus den Angeln hebt, zwei Tage

---

[1]) Die übersichtlichste Zusammenstellung dieser Neuerungen in den gleichzeitigen Staatsanzeigen von Schlözer. 6. Heft, S. 193 f., sodann bei
Walch: Neueste Religionsgeschichte. 9. Thl. 1783. Lemgo. S. 67—140. Am
vollständigsten und geordnetsten in dem Werke: „Praktische Anwendung aller
k. k. Verordnungen in geistlichen Sachen, publico ecclesiasticis vom Antritte der
Reg. weil. M. Theresia bis 1. Mai 1788, von J. Schwerdling. Wien 1788/9.
2 Bde. 8º 3 Thl. 1790, reicht bis 1. Jänner 1790, dazu das Alphab. Hand-
lexikon aller dieser Verordnungen, 1790. 384 SS. 8º.

später (26. März) folgt ihr das Gesetz, welches alle päbstlichen Breven, Bullen und anderweitigen Verordnungen in diplomatischen, kirchlichen und disciplinären Angelegenheiten dem Placetum regium, der Censur des Staates, unterwirft, und ein zweites, das alle inländischen Bischöfe an die gleiche Ueberwachung ihrer Anordnungen, Belehrungen und Hirtenbriefe bindet. Den 1. October des Jahres verfügt der Monarch, dass jeder neuerwählte Erzbischof und Bischof vor der päbstlichen Bestätigung und Weihe, unmittelbar nach seiner kaiserlichen Ernennung, einen Eid der Treue in die Hände des Landeschefs und im Beisein der zwei ältesten Räthe nach bestimmter Formel ablegen solle.

Der zweiten Hälfte des gleichen Monates gehört das Toleranzpatent für die Israëliten (19. Oct.) und das für die Protestanten Ungarns (25. Oct.) an und noch vor Schlusse des Jahres erscheint das kaiserliche Handbillet (m. 20. Dez. 1781), das eine Massenaufhebung jener Männer- und Frauenklöster anordnet, „die weder Schule halten, noch Kranke bedienen, noch predigen, noch den Beichtstuhl versehen, noch Sterbenden beistehen, noch sonst in Studien sich hervorthun" . . . und den Kapitalswerth ihrer Güter als neue Hilfsquelle der kirchlichen Schöpfungen des Monarchen, dem Religionsfonde, zuführen soll. — Ein Jahr später (1783 16. Jänner) tritt das Ehepatent ans Licht, das die Ehe als „bürgerlichen Vertrag" erklärt und alle daraus fliessenden Gerechtsamen und Verbindlichkeiten in ihrer Kraft aus dem landesfürstlichen Gesetze ableitet. In die Zwischenzeit fällt das weltgeschichtliche Ereigniss der Reise Pius VI. nach Wien. Sie vermochte nicht den Reformeifer des Kaisers zu hemmen oder abzulenken.

Joseph II. betrachtete die Kirche als staatliche Institution, die Bischöfe als Beamte des Staates. Die Rolle der Kirche im Staatsleben ward von ihm wie Alles dem Principe des gemeinen Nutzens untergeordnet. Er folgte allerdings, wie ein hervorragender Geschichtschreiber erörtert [1]), den Impulsen dessen, was man zeitgeschichtlich die Aufklärung zu nennen beliebt; aber er folgte anderseits auch der traditionellen Politik der Habsburger, die meist das placetum regium hoch hielten, er folgte insbesondere den Pfaden, die bereits seine fromme Mutter gewandelt, Maria Theresia, welche die gläubige Tochter der Kirche und die Regentin wohl auseinander zu halten verstand. Nur überstürzte sich ihr Sohn, wie in so manchem, auch hier; — gerade auf dem gefährlichsten Boden der Neuerungen schritt er am raschesten vorwärts und die Masse des Volkes konnte ihm da nicht folgen; trotz seiner wiederholten

---

[1]) Ranke: Die römischen Päbste, ihre Kirche und ihr Staat im 16., 17. Jahrhundert. 4. A. Berlin 1857. 3. Bd. S. 209.

Versicherungen, dass ihm Religion nicht gleichgiltig sei, dass ihm die Aufrechthaltung des katholischen Glaubens insbesondere am Herzen läge, blickte sie ihm misstrauisch nach, haftend mit gläubiger Zähigkeit an dem Hergebrachten, und die Augen auf die geistlichen Führer gerichtet; das Gemüth tief verletzt durch Befehle und Verbote in Nebendingen, die sich eben nicht befehlen, nicht verbieten lassen, wo das Polizeiamt des Staates nur scheinbare Erfolge mit sich führt, viel Wind säet, um Sturm zu ernten, wo das „mechanische" Moment in den gehäuften, oft widerspruchsvollen, oft zurückgenommenen Verwaltungsmassregeln, den meisten Widerstand findet. Die kirchlichen Reformen Josefs konnten nur mit Hilfe des Episcopats durchgeführt werden und da musste es sich zeigen, ob die Bischöfe Ossterreichs geneigt waren, in den Pflichten des Staatsbeamten aufzugehen, oder sich als Glieder einer festgegliederten Hierarchie zu betrachten, deren Schwerpunkt in Rom lag.

Drei Parteien treten uns in dem österreichischen Episcopate der josefinischen Zeit entgegen; die Eine, welche auf die Entwürfe des Kaisers einging und von einem Schriftsteller unserer Tage mit dem anzüglichen Titel der „theologischen Dienerschaft" Josefs II. ausgestattet wurde [1], die Andere, welche stets entschiedener ·gegen seine Reformen die Stimme erhob und eine zuwartende Mittelpartei, als die dritte.

Beschränken wir uns auf Ungarn, so lässt sich behaupten, dass die erste Klasse von Bischöfen hier so gut wie gar nicht in Betracht kömmt, die zweite hingegen stark den Ton angab und die dritte eine Art von bewaffneter Neutralität einhielt; ferner, dass der Episcopat Ungarns den passiven Widerstand der Nation gegen Josefs sämmtliche Neuerungen hinter sich als gewaltige Stütze fühlte.

Mehr als anderswo war daher in Ungarn Kaiser Josef angewiesen, die kirchlichen Würdenträger ersten Ranges zu berücksichtigen, sich ihrer Gesinnung zu versichern. Der beste Beweis hiefür sind die von ihm genehmigten Conferenzen der ungarischen Bischöfe mit Pabst Pius VI. bei dessen Aufenthalte in Wien, welche den 20. und 22. April 1782, dicht vor der Abreise des Oberhauptes der Kirche, stattfanden, desgleichen die persönlichen Auszeichnungen, die er den Führern des ungarischen Episcopates, dem Cardinalprimas Josef Batthyány, dem Erzbischof von Kalocsa, Adam Patachich von Zajesda und dem Erlauer Kirchenfürsten, Grafen Karl Eszterházy zu Theil werden liess; ausserdem die schmeichelhaften Worte, mit denen er ihre „wohlangemessene eifrige Mitwirkung in allen denjenigen Aufträgen und Veran-

---

[1] Seb. Brunner: Die theolog. Dienerschaft am Hofe Josephs II., geh. Corresp. und Enthüllungen... Wien 1868. 8° 531. IV. SS.

lassungen" erwartet, „die zum Besten der Religion, zur Bildung der Ihnen untergeordneten Priesterschaft und daraus entstehenden wahren Belehrung und Anleitung des Volkes zu guten Christen und Mitbürgern, allein führen" [1] . . .

Es spricht anderseits dafür die rücksichtsvolle Antwort, welche der Kaiser auf die entschiedenen Proteste des Cardinalprimas gab, so wie die Thatsache, dass der erste Bischof von Stuhlweissenburg Ignaz Nagy, vor 1777 Domherr zu Veszprim, einen geharnischten Angriff auf Josefs Toleranzpatent unternehmen konnte, ohne eine folgenschwere Zurechtweisung befahren zu müssen.

Man kann es geradezu behaupten, Josef II. war der ungarischen Bischöfe weit weniger gewaltig, als seine Mutter, die „gekrönte, apostolische Königin" Ungarns, welche zweimal, 1757—1761 durch drei Jahre, 1765 bis 1776 durch 10 Jahre, den Primasstuhl von Gran unbesetzt liess, um dessen Jahresrevenuen von beiläufig 250,000 fl. dem erschöpften Staatsschatze zuzuführen und in letzterem Jahre (1776 1. Jänner) ohne auf wesentliche Schwierigkeiten zu stossen, die unverhältnissmässig ausgedehnte Erzdiöcese in vier Sprengel, den Graner, Neusohler, Rosenauer und Zipser zerfällte; welche gleich darauf (1777) aus Gütern des aufgehobenen Jesuitenordens, theilweise mit Beschränkungen der Veszprimer und Raaber Diöcese, zwei neue Bisthümer, das von Stuhlweissenburg und Steinamanger ins Leben rief, die Munkácser Metropole der der Griechisch-Unirten, wie wir an anderm Orte sahen, trotz aller Verwahrungen des Erlauer Bisthums, privilegirte und den Beschlüssen der Griechisch Nichtunirten auf der Synode zu Karlowitz (1777 2. Jänner) die Sanction gab.

Es sei uns nun vergönnt in gedrängten Skizzen die Führer des ungarischen Episcopats zu zeichnen [2]). Den Reigen möge ein Mann der Kirche eröffnen, der bis zum Jahre 1785 der cis- und transleithanischen Hierarchie angehörte und nach dem Standpunkte der Parteien Gegenstand widersprechendster Urtheile wurde. Es ist dies Christof Bartholomäus Anton, Graf von Migazzi zu Wall und Sonnenthurn [3]).

[1]) Schlözer's Staatsanzeigen. 1. Heft, S. 95 ff. Ph. Wolf: Gesch. der vorm. kath. Kirche unter der Reg. Pius VI. 3. Bd. Germanien 1795. S. 482 ff.

[2]) Die ungarländischen Geschichtswerke von Katona, Fessler, Horváth, die gleichzeitigen Publicationen von Schlözer („Staatsanzeigen" und „Briefwechsel"), Walch, Ph. Wolf, Friedel, Grellmann's histor. statist. Aufkl. 1—3: Kritische Bemerkungen über den relig. Zustand der k. k. Staaten. 6. B. Wien 1786—8. 8"; neben den Weimarer „Acta historico-ecclesiastica"..., Le Bret's Mag. f. Kirchengesch. etc. — bieten Material oder Erörterungen für diesen Gegenstand.

[3]) Ueber Migazzi die allerdings unvollständige Literatur bei C. Wurzbach: biogr. Lexikon ... 18. Bd. S. 248 (244 . .). Vgl. (Joh. Friedel) histor.

Der Abkömmling einer wenig bemittelten, welschtiroler Adelsfamilie, den 23. Nov. 1714 zu Innsbruck geboren, sein Vater war kaiserlicher Regierungsrath daselbst — konnte Migazzi seinen ausgesprochenen Talenten und der Gunst der Umstände eine rasche Carrière verdanken. Schon mit 31 Jahren hatte der Zögling des deutschen Collegiums in Rom die Domherrnstellen zu Brixen und Trient, das Priorat zu St. Leonhard in Borghetto und S. Aegyd in Valsugan, hinter sich und ward damals von Kaiser Franz, Maria Theresias Gemahle, zum Sachwalter der deutschen Nation beim päbstlichen Stuhle, als auditor rotæ, bestellt (1745). Sechs Jahre später begegnen wir ihm als Titularerzbischofe von Karthago, k. geheimen Rathe und postulirtem Coadjutor von Mecheln; ein Jahr darauf (1752) kommt es zur diplomatischen Mission an den spanischen Bourbonenhof, die nach vier Jahren schloss. 1756, nach Wien zurückgekehrt, sollte er bald die Stufenleiter der höchsten geistlichen Würde erklimmen. Die Monarchin entlohnte ihn mit dem einträglichen ungarischen Bisthum Waizen und als, 1757 den 10. März, der Wiener Erzbischof Cardinal Trautson starb — ward drei Tage später, Migazzi Metropolit von Wien. Er resignirte, wie es in der Natur der Sache lag, sein Waizener Bisthum, erhielt es aber durch die Gunst der Kaiserin 1761 (21. Nov.) wieder, so dass er die ausserordentliche Doppelstellung eines ungarischen Kirchenfürsten und deutschösterreichischen Metropoliten bekleidete. Seit 1. März 1762 schmückte ihn der Cardinalshut. — Die Aufgabe, die ihm und dem Nuntius Garampi vom päbstlichen Stuhle war gestellt worden, die offizielle Verdammung des Febronius bei Hofe durchzusetzen, hatte er freilich nicht lösen können. Die bedeutenden Einkünfte des Waizener Bisthums verwendete er theilweise zur Verschönerung der Bischofstadt, die ihm auch ein dankbares Andenken bewahrte. — Am Reichstage zu Pressburg von 1764—65 erlangte er die ungarische Staatsbürgerschaft, das Indigenat. — Bei dem Conclave nach Clemens XIII. Tode spielte er keine Rolle, da er auf die Reise nach Rom verzichtete, wohl aber nach dem Ableben Ganganelli's eine um so bedeutendere. Hier war Migazzi, unterstützt von den Cardinälen Corsini und Zelada, demselben Zelada, der allein mit Clemens XVI. die Aufhebungsbulle wider den Jesuitenorden abgefasst, Führer der „Hofpartei."

Sein ganzer Lebensgang verräth bisher den klugen, diplomatisch geschulten Kopf, den weltläufigen Hofmann, der der Gunst der Mon-

statist. Fragmente..., die österr. Monarchie betreffend. Unter den Neuern versuchte jüngst S. Brunner in seinen Werken: „Die theolog. Dienerschaft"... (s. o.) und in den „Mysterien der Aufklärung in Oe. v. 1770—1800." Mainz 1869, die Ehrenrettung des Cardinal-Erzbischofs.

archin in hohem Grade sich erfreute; durchaus nicht den hierarchischen Autonomisten und kirchlichen Eiferer. — Migazzi war kein Freund der Jesuiten. Denis, ihr Ordensgenosse sagt dies deutlich genug, Khevenhüller der wohlunterrichte Höfling bestätigt dies, Migazzi's Tadel der jesuitischen Lehrmethode, mancher Bücher, die sie beim Unterrichte anwendeten, seine Erklärung über den Verfall des Ordens sprechen dafür [1]. — Ob er in religiöser Beziehung Freigeist war, wer kann dies unumstösslich beweisen, wer überzeugend widerlegen? [2])

Jedenfalls machte aber Migazzi einen entscheidenden Umschwung in seiner kirchlichen Haltung, vielleicht mehr als in seiner religiösen Gesinnung durch, denn, wie so oft, war auch hier das triebkräftigste Motiv gekränkter Ehrgeiz. Selt dem er das ungarische Indigenat erworben, blieb sein Blick dem unbesetzten Graner Primasstuhle zugewendet; aber dies Ziel erreichte er nicht, — 1776 kam es zur Ernennung des bedeutend jüngeren Batthyáni. Empfindlicher noch mochte es Migazzi berühren, dass Graf Hržan, der jüngere Rivale, seit 1770 Uditore della rota, seit 1775 Geschäftsträger des kaiserlichen Hofes in Rom einer steigenden Gönnerschaft sich erfreute, besonders als ihm, dem geschmeidigen Regierungsmanne, im Jahre 1780 der Cardinalshut und der Rang eines förmlichen Botschafters oder Ministers Oesterreichs am päbstlichen Stuhle zu Theil ward.

Migazzi und Hržan zeigen sich nun bald während der josephinischen Reformepoche als Gegensätze. Der Letztere, in der schwierigen Doppelstellung als Mann der Kirche und Diplomat, kehrt stets angelegentlicher den kaiserlichen Minister hervor, der Letztere ergreift immer entschiedener die Partei der Hierarchie. — Solcher Wandlungen in der Haltung kirchlicher Würdenträger verzeichnet die Geschichte eine ziemliche Anzahl, sie sind nicht immer leicht psychologisch zu analysiren, und

---

[1] S. darüber Kink's Gesch. der Wiener Universität. A. Wolf's Oesterreich unter M. Theresia und aus dem Hofleben M. Theresia's.

[2] Sehr merkwürdig ist das, was der in vielen Dingen bestunterrichtete Verfasser des Büchleins: „Beitrag zur Charakteristik und Regierungsgeschichte der Kaiser Joseph II., Leopold II. und Franz II., Paris, b. Deferrieres im S. J. der französischen Republik." 12⁰ 424 SS. über Migazzi aussagt (S. 92 ff.). Ihm habe 1789 auf der Reise durch Mähren der Neffe des Cardinal-Erzbischofes, Domherr Migazzi in Olmütz die Erklärung abgegeben: Joseph hat gefehlt, dass er alles ohne Zuziehung meines Oheims that. Hätte er dessen Einwilligung dazu verlangt, so würde mein Oheim noch weiter als der Kaiser selbst gegangen sein. Es ist nicht Bigotterie, es ist sein beleidigtes Ansehen, was ihn nun bestimmt, dem Kaiser entgegenzuarbeiten; denn im Grunde glaubt mein Oheim ebensowenig als Spinoza, Bolingbrok, Voltaire und Marquis d'Argent glaubten.

so lässt sich auch in diesem Falle nicht genau berechnen, wie viel bei Migazzi's Opposition gegen die josephinischen Kirchenreformen — man gedenke da der vielbesprochenen St. Veiter Retraite und der Vorstellung an den Kaiser, Angesichts der drohenden Klosteraufhebungen — der innerlichen Ueberzeugung und wie viel dem gekränkten Ehrgeize beigemessen werden soll.

Unstreitig gebührt diesem jedoch ein bedeutender Antheil. Der Erzbischof von Wien, ein Mann, welcher in der theresianischen Epoche das grosse Wort bei Hofe geführt hatte, sah sich in der neuen Aera vernachlässigt, man reformirte ohne ihn, und das konnte ein Mann von seinem Selbstgefühle schwer verwinden. — Anderseits müssen wir zugestehen, dass Josephs Kirchenreformen an sich der Hierarchie in's Gesicht schlugen, dass sich die Angriffe einer bis in Gemeinheit ausartenden Presse wider die Geistlichkeit mehrten und dass somit auch das Standesbewusstsein des Cardinal-Erzbischofes immer gereizter werden mochte. Unter diesen Gesichtspunkt vor Allem kann sein kräftiger Protest gegen Borns' satyrische „Monachologia" und den neuen Eid der Bischöfe, als Staatsbeamte, gefasst werden. Dass man diese Proteste nicht beachtete, musste die gereizte Stimmung des Cardinals erhöhen, die in's Maasslose ausschreitenden Angriffe der Wiener Pamphlete gegen seine Person nur Oel in's Feuer giessen. Der Bruch mit dem Monarchen sollte unheilbar werden, als Joseph den strengen Grundsatz, der die Cumulirung geistlicher Würden verbot — rücksichtslos auch auf Migazzi anwandte (1785) und ihn zwang, das Waizener Bisthum aufzugeben, ungeachtet ihm dasselbe von Maria Theresia auf Lebzeiten zugesichert gewesen sein mag. Die Correspondenz Ilīžans mit Kaunitz wirft auf diese Angelegenheit ein interessantes Streiflicht. Die scharfe Zurechtweisung der ungarischen Hofkammer, zufolge ihrer Eingabe im Interesse des Kirchenfürsten, musste dessen Kränkung erhöhen; es wirft jedoch auch kein günstiges Licht auf Migazzi, dass er mit seinem freiwilligen Verzichte auf eine einträgliche Nebenpfründe diesen unangenehmen Vorgängen nicht zuvorkam.

In diesem verbitterten Gegensatze zu dem josephinischen Systeme beharrte der Cardinal-Erzbischof. Das Geschick liess ihn Josephs II. Tage überdauern, Leopold II. Restaurationsepoche überleben; tief in die Regierungstage Franz II. ragt noch sein Dasein, das er erst 1803, im Alter von 89 Jahren, schloss.

Unter dem eigentlich ungarischen Episcopate gebührt der erste Platz, was Rangstellung und Persönlichkeit betrifft, ohne Frage dem Primas von Ungarn, Grafen Joseph Batthiány [1]).

Er war der Sprosse einer angesehenen begüterten Magnatenfamilie, den 30. Jänner, 1727, in Wien geboren. 1751 zum Priester geweiht, sah er sich bald von der Gunst der Verhältnisse auf der Bahn geistlicher Würden gefördert. Zunächst Domherr zu Gran, dann Probst zu Steinamanger und Pressburg, gelangte er mit 32 Jahren zum Bisthume von Siebenbürgen, das Jahr darauf zur Würde eines Erzbischofs von Kalocsa, endlich nach einem Stillstande von 16 Jahren (1776) zum Primatialstuhle von Gran und nicht viel später (1778) zum Cardinalate. Als Kaiser Joseph zur Regierung kam, — stand Batthiány in der Vollkraft reifern Mannesalters, mit makellosem Leumund, bekannt durch seinen wahrhaft bedeutenden Aufwand in Kirchen- und Schulenstiftungen, und einen dem Einkommen in würdigster Weise entsprechenden Wohlthätigkeitssinn. — Als Metropolit von Kalocsa zeigte er sich dem Piaristenorden befreundeter als dem der Jesuiten. Den Vätern der frommen Schulen übertrug er das Collegium, ihnen die Leitung des Erziehungshauses für dreissig adelige Zöglinge. In confessioneller Beziehung bis zur Unduldsamkeit streng, unternahm er es, die Protestanten aus dem ganzen Umfange seiner Diöcese zu verdrängen. So war der Mann, der als Primas von Ungarn, eifersüchtig auf jeden Freibrief seiner Stellung, durch und durch Autonomist in kirchlicher Beziehung, den josephinischen Reformen gegenübertrat — von seinen Verehrern und Gegnern mitunter das „Orakel seiner Zeit", der „Dionysius im ungarischen Areopag" genannt. Es darf uns da nicht Wunder nehmen, wenn Batthiány in seiner Repräsentation v. J. 1782 die Massregeln des Kaisers einer schneidigen Kritik unterzog und damit bewies, dass er die Hoffnungen Josephs auf seine Mitwirkung beim kirchlichen Reformwerke getäuscht habe, Hoffnungen, die aus dem Briefe hervorleuchten, den der Kaiser kurz zuvor nach den Conferenzen der ungarischen Bischöfe mit P. Pius VI. zu Wien, an den Primas gerichtet hatte. Diese Repräsentation war eine förmliche Apologie der geistlichen Orden und ihrer hierarchischen Immunität, die dem Kaiser zu Gemüthe führen will, er solle sich durch schmeichelnde geistliche Rathgeber in seinen Anschauungen nicht bestärken, durch höfische Projectenmacher und Ränkeschmiede nicht irre führen lassen. Die Sprache klingt sehr bestimmt und beweist, dass Bat-

---

[1]) Ueber Batthiány die Lit. b. Wurzbach biogr. Lex. I. 176—178. Der Aufsatz in Ersch u. Gruber's Encyclop. 1822. I. S. 8. Th. 105 f. ziemlich ausführlich. Seine „Vorstellung" in Betreff der kirchl. Verordn. K. Jos. Rom 1782. 8o.

thiány einen starken Rückhalt an den Ungarn und ihrem Hochclerus fand. Allerdings liess sich der Regent, wie sein an den Primas gerichtetes Schreiben beweist — in den gefassten Entschlüssen nicht beirren, aber welche Wirksamkeit stellten die kirchlichen Reformen in Aussicht, wenn sie auf den activen oder doch passiven Widerstand der ungarischen Kirche, vom Primas abwärts, stiessen [1]).

Der Primas war auch ein warmer Anhänger des Mariencultus, des nationalsten und am meisten verbreiteten Ungarns, gegen welchen so manche Verordnung, manches Verbot in Hinsicht von Wallfahrten, Heiligenbildern und dgl. verstiess. Ungarns Hierarchie nannte Ungarn noch immer gern das „Marianische Reich“ (regnum Marianum) [2]).

Batthiány starb im Jahre 1799 (23. Oct.). Noch erlebte er den grossen Umschwung der Dinge, der sich im Jahre 1789—90 vollzog, die Zeiten Leopolds II. und die bewegten Schlusstage des 18. Jahrhundertes gingen an ihm vorüber. Kein grossangelegter Charakter, kein Geist ersten Ranges — zählt er doch zu den bedeutendsten Kirchenfürsten Ungarns, und keiner der gleichzeitigen Standesgenossen des Karpatenlandes kann ihm den ersten Platz unter ihnen streitig machen.

Ein Verwandter des Cardinal-Primas war der Siebenbürger Bischof Ignaz Batthiány (geb. 1741, † 1798), Sohn des Vorstandes der kön. Tafel, Grafen Emerich B., ein Mann, der seine Studien gleichfalls in Rom gemacht hatte, und wissenschaftliche Bildung besass. Ein eifriger Autonomist in Kirchensachen, gab er 1785 den I. Thl. der „Sammlung der ungarischen Reichsgesetze in kirchlichen Dingen“ heraus [3]).

Ein Charakter ähnlichen Gepräges wie der des Primas Batthiány begegnet uns in dem letzten der Erlauer Bischöfe, in dem Grafen Karl Eszterházy von Galantha, dem Abkömmling eines Geschlechtes, das seit dem 17. Jahrhunderte in der Magnatenschaft Ungarns eine hervorragende Rolle spielt. Sohn des Tavernicus Franz Eszterházy und der Gräfin Sidonie Pálffy — genoss er seine Bildung an der Tyrnauer Hochschule, dann in Rom, wo er das Doctorat der Theologie erwarb. Domherr zu Tyrnau, dann Coadjutor seines Oheims Emerich, Bischofs

---

[1]) S. Collectio benign. Norm. resolutionum in eccles. u. a. a. 1785. II. Tomi. Pestini. S. I. S. 64.

[2]) Für den Mariencultus arbeitete dazumal am eifrigsten ein gewisser Leo Maria Szeitz, einer von der hervorragendsten Bruderschaft der „Diener Mariens der s. J.“ (Servitus Mariana, Servi B. M. V.). S. seine Schrr. im Catalogus Bibl. Szécsen. Tom. I. pars II. 1799. S. 404—5. Von demselben stammte auch aus dem J. 1789 eine Apologie der Jesuiten u. d. T. Más is igaz magyar („Noch ein anderer wahrer Ungar.“ Mohiló, 214 SS.).

[3]) Leges ecclesiast. regni Hungariae et part. adnex. I. Albae Carolinae 1785. II. 1811.

von Neutra († 1762) und mit 34 Jahren (1759) Bischof von Waizen, bewies er seine Rührigkeit im Schulwesen so wie in der Sorge für das Gedeihen der Seelsorge. Drei Jahre später (1762) ward ihm das reichste Bisthum Ungarns, das Erlauer zu Theil. Hier bewährte er seinen achtungswerthen Sinn für Stiftungen im Bereiche der Kirche und Schule. Bei seinem Tode (1799) soll die Nachlassenschaft zu einem würdigen Leichenbegängnisse nicht ausgereicht haben [1]).

Aber nicht leicht gab es auch einen eifrigeren Verfechter seiner Diöcesanrechte. Dies bewies er, wie wir andern Ortes andeuteten, in dem hartnäckigen Kampfe mit der theresianischen Regierung, als es sich um die Selbstständigkeit der griechisch-unirten Metropole in Munkács handelte.

In den Tagen Josephs zeigte er sich als entschiedener Gegner der josephinischen Reformen, vor Allem bot ihm das Toleranzpatent des Kaisers zu Gunsten der Protestanten den Anlass zu einem heftigen Hirtenbriefe wider diese „Vergewaltigung" der Rechte der „allein seligmachenden" Kirche.

Ueberhaupt war gerade das Toleranzpatent den schärfsten Angriffen ausgesetzt, und zwar nicht blos von Seiten des ungarischen Episcopats, deren Naturgemässheit wir leicht begreifen, sondern gerade vom protestantischen Lager aus, was auf den ersten Blick ungemein befremdet.

Insofern hatte der Bischof von Stuhlweissenburg, Franz Nagy, in seinem mehr schneidigen als billigen Verdicte [2]) gegen dieses Gesetz Josephs II. ein ahnungsvolles Wort gesprochen, wenn er nach einer langathmigen Erörterung der Rechtsnachtheile des Patentes folgende Betrachtung anstellt:

Es wäre sogar wahrscheinlich, dass selbst die Nichtkatholiken mit der Art, wie ihnen dergleichen Begünstigungen ertheilt worden und insbesondere damit nicht ganz zufrieden sein werden, dass in Sachen, welche durch ältere Gesetze und Privilegien festgesetzt waren, Dispensationen stattfinden sollten. Denn so ganz als Fremdlinge in der Politik dürfe man sie nicht ansehen, als dass sie nicht begreifen sollten, dass, wenn es je erlaubt wäre, an solchen Gesetzen, die mit einstimmiger Genehmigung des Königs und der Reichsstände gemacht wurden, willkürliche Abänderungen vorzunehmen, es um so eher auch selbst um ihre jetzigen

---

[1]) Ueber Eszterházy s. die Lit. in Wurzbach's biogr. Lex. IV. 101—2, den Aufsatz in Ersch u. Gruber's Encycl. I. S. 38. Thl. S. 352; vgl. Fessler 10. 324 ...

[2]) S. Schlözer's Staatsanzeigen. II. Bd. 12. Heft, 442—479; Wolf: Gesch. der r. k. Kirche. 3. 296 f. Dem Ganzen sind fortlaufende Anmerkungen eines „patriotischen Hungarn" beigefügt ...

erhaltenen Freiheiten geschehen sein könnte, da sie dieselben auf eine
in den bestehenden Reichs-Constitutionen keineswegs begründete Weise;
sondern blos durch willkürliche Anordnungen eines Regenten erhalten
hätten, der noch nicht gekrönt, und folglich auch mit der nöthigen Gewalt nicht versehen wäre, Privilegien zu ertheilen, gegen andere
von gekrönten Monarchen getroffene Einrichtungen. Den Protestanten
müsse ebenso viel als den Katholiken daran liegen, dass Ungarn nicht
auf den Fuss der übrigen Erbländer, sondern nach seiner in den Gesetzen schon von Alters her begründeten Constitution regiert werde." —

Es ist nun am Orte, der Stellung zu gedenken, welche die
Protestanten seit den letzten Tagen Maria Theresia's der Regierung
gegenüber einnahmen.

Vier Jahre vor Josephs Thronbesteigung (1774) überreichten die
Protestanten Ungarns dem Wiener Hofe drei „Vorstellungen" oder „Instanzen". Die erste, in lateinischer Sprache abgefasst, ging von der helvetischen Confession aus. Die zweite war deutsch und hatte die Augs-
burger Confessionsgenossen zu Eingebern. Während jene in 18 Artikeln
vorzugsweise eine ausführliche Erörterung der confessionellen Freiheit der
Protestanten in Ungarn bietet und eine Geschichte ihrer Beschwerden —
bemüht sich diese, die Rechte welche allen Evangelischen zukommen, in
15 Artikeln klar zu machen und die Taktik der Gegner zu beleuchten.
Da beide Instanzen eine günstige Aufnahme fanden, so kam es bald zu
einer dritten, von beiden Glaubenstheilen gemeinsam eingegeben [1]. Sie
bemüht sich, im Anschlusse an den Ausdruck des freudigen Dankes und
der belebten Hoffnung einen ausführlichen Beweis zu knüpfen, — wie
wenig Thatsächlichkeit jenes Bedenken habe, dem die Kaiserin in ihrer
Antwort an die Abgeordneten der Protestanten Ausdruck gegeben: Sie
würde zwar, der Protestanten Leiden abzuhelfen, gnädigst bedacht sein;
dass aber diese ihre Wünsche vollkommen gewähret und sie in den Ge-
nuss aller ihrer Rechte wieder hergestellet würden, diesem scheine der
Eid der Könige von Ungarn, welchen sie abzulegen pflegten, die
Gesetze und die damit verbundene Reichsverfassung (systema)
im Wege zu stehen. —

Damals versuchte die ungarische Hierarchie eine Art gesetzliche
Schutzmauer zu Gunsten des Katholicismus gegen die protestantenfreund-
lichen Regierungsmassregeln aufzurichten. Im Jahre 1775 nämlich erschien zu Waizen, in der bischöflichen Druckerei, eine Sammlung der
kirchlichen Statthaltereimandate, in 4 Theilen. Der erste handelte von
„den Grenzen der geduldeten Glaubensübung der augsburgischen

[1] S. Walch's N. Relig. Gesch. 6. Thl. 1777. S. 209—320.

und helvetischen Glaubensverwandten, und so auch der Griechisch-
Nichtunirten." Der Hof war auf dieses Werk nicht gut zu sprechen,
da er darin eine unberufene Controle seiner geistlichen Gewalt erblickte [1]).

Sieben Jahre später, als sich in Oesterreich der folgenschwere
Thronwechsel vollzogen, sehen wir die Protestanten beider Confessionen,
im Frühjahre 1781, ihre Religionsbeschwerden dem Landesfürsten unter-
breiten. Die letzten sechs Regierungsjahre Maria Theresia's haben die
Hoffnungen der Akatholischen nicht befriedigt; ihre Ansprüche wuchsen
mit der Erkenntniss, dass der Umschwung der Regierungsverhältnisse,
die Anschauungsweise eines Joseph denselben günstig wären.

Die Denkschrift, datirt v. 29. April 1781, knüpft an den „allgemeinen Jubel von jauchzenden Nationen" an, den die segensreiche Hand
des neuen Herrschers und Reformators geweckt: sie erörtert sodann die
Lage der Protestanten im Allgemeinen, vertheidigt sie wider die alt-
hergebrachten Beschuldigungen der Katholischen und entwickelt dann die
rechtsgeschichtliche Stellung der Akatholiken Ungarns seit dem J. 1525
bis auf den Wendepunkt des Jahres 1725. Sodann kommen die eigentlichen Beschwerden zur Sprache. Die Protestanten seien von allen hohen
Würden und Stellen ausgeschlossen, an eine fremdreligiöse Eidesformel
gebunden, ihr Gottesdienst auf's Aeusserste eingeengt und erschwert, das
Schulwesen unterdrückt, das Erziehungswesen gefährdet, der Geisteszwang
der Censur gerade ihnen gegenüber auf's Härteste gehandhabt; — man
verbiete ihre kirchlichen Zusammenkünfte, massregle vor katholischen
Tribunalen ihr Eherecht, unterwerfe sie dem Stolazwange, zwinge die
Kinder gemischter Ehen katholisch zu werden; man gehe in dem Bekehrungseifer so weit, dass man den Vormündern, ja selbst den Eltern
die Kinder wegnehme, um sie in der katholischen Religion erziehen zu
lassen. In solcher Weise habe man nicht nur das Ansiedlungswesen,
sondern auch das bürgerliche Gewerbwesen empfindlich geschädigt, denn
der Religionszwang habe nicht Wenige vertrieben. Der akatholische Bauer
leide am meisten unter diesen Verhältnissen, die der Glaubensübung
Fessel anlegten und jeden Uebertritt zum Protestantismus verpönten.

Joseph II. antwortete auf diese Beschwerden mit dem Toleranzpatente vom 25. October. Mit dem Gefühle der Befriedigung blickte er
auf diese Gabe seiner erlauchten Herrschereinsicht, mit dem festen
Glauben an die Befriedigung, den aufrichtigen Dank der Akatholischen.
— Aber er sollte enttäuscht werden. Freudig griff der Protestantismus

---

[1]) Mandata regia intimata per excelsum cons. locumten. reg. I. Thl.: de
limitibus tolerati in hoc regno exercitii tam Aug. atque Helv. confess. quam et
ritus Graecorum non unitorum.

nach der werthvollen Gabe, aber die Art und Weise ihrer Verleihung machte ihn bald nachdenklich und vergällte ihm das reine Behagen daran; der protestantische Ungar fühlte sowie der Katholische das Verfassungswidrige der josephinischen Epoche heraus, und dieses Gefühl überwucherte die Empfindung des Dankes, den das Toleranzpatent verdiente. Der Protestantismus Ungarns wollte kein willkürliches Geschenk des Kaisers, er begehrte eine reichsgesetzliche Verbürgung seiner Rechte und Freiheiten durch den König von Ungarn. Er begehrte das, was er unmittelbar vor dem Toleranzpatente in der besprochenen Eingabe nachdrücklich erklärt hatte:

„Das Toleranzsystem, diese bevölkernde Mutter der Staaten, ist durch das Wohl des Staates eingeführt. Wir aber stehen nicht allein unter diesem allen Staaten gemeinen Hauptgesetze, sondern unter den feierlichsten Grundgesetzen unsers Vaterlandes und unter gleichen Vorrechten; wir können demnach nicht aus dem Gesichtspunkte der Toleranz, sondern nach den Grundverträgen und Grundgesetzen unseres Landes behandelt werden. Alle ohne uns und unsere Einstimmung wider uns gemachten Gesetze sind einseitig und können die Einstimmungen allgemeiner Nationalgrundgesetze in keinem Artikel abändern" [1].

Wie sehr diese Anschauung über das Ziel schoss, den Regenten verletzen und die Taktik der katholischen Opposition wider den Kaiser fördern musste, haben wir andern Ortes von einem Protestanten und Kernmagyaren beleuchtet gefunden.

Und so ist es auch hier, auf diesem Felde josephinischer Neuerungen zu dem Gegensatze des historischen Rechtes und der reformatorischen Eigenwilligkeit des Herrschers gekommen; auch hier erwies er sich als unversöhnlich; auch hier erfüllt den Geschichtsfreund die Thatsache, der siegreichen Macht des Herkommens müsse auch die gemeinnützigste Idee Rechnung tragen, mit ernstem Nachdenken und gefestigter Ueberzeugung.

[1] Walch: Neueste Rel. Gesch. 9. Bd. 1783. S. 1—67.

V.

Schlusswort.

Zur Verständigung über Joseph II. als Reformator.

Unsere Zeit sitzt mit durchaus veränderten Anschauungen zu Gericht über Josephs Reformen; Liberale und Conservative, Gegner der Hierarchie und Clerikale, dilettirende Geschichtsschreiber und Historiker vom Fache, brechen den Stab über das bureaucratische System der Neuerungen des Kaisers. Nirgends trifft besser das Sprichwort zu: die Extreme berühren sich, als in dem Urtheile der Gegenwart und ihrer Parteilager über diesen Charakterzug der josephinischen Schöpfungen.

Dass ernste, denkende Forscher der Gegenwart den geistigen Gehalt und die thatsächlichen Erfolge der Reformen Josephs einer nüchternen Prüfung unterzogen — kann nur mit Befriedigung wahrgenommen werden [1]. Denn nur so ist es möglich die flache Lobhudelei [2], gleichwie den blinden, hasserfüllten Tadel [3] zum Schweigen zu bringen und künftigen Geschlechtern das Bild Josephs des „Einzigen", in seiner Wahrheit, in richtiger Farben- und Schattenvertheilung — vor Augen zu führen.

---

[1] Es sei fern von mir ein completes Literaturverzeichniss in dieser Richtung liefern zu wollen. Ich will nur die bezüglichen Winke und Ausführungen K. A. Menzel's, F. Raumer's, Ranke's, Häusser's, O. Lorenz', A. Wolf's, die wichtigen Publicationen Arneth's, anführen. Auch A. Jäger's: Joseph II. und Leopold II. (œ. Gesch. f. Volk. 14. Bdch.) verdient alle Beachtung, mag man über den Standpunkt des Verfassers urtheilen, wie man will. Von den ungarischen Historikern mögen Fessler, trotz seiner theosophischen Schrullen — besonders aber Michael Horváth, als diejenigen angeführt werden, die Joseph II. am besten beurtheilen.

[2] Man nehme nur die Biographieen Josephs II. von Armbruster (1790), Caracioli (1790—1), Gaum, Hermstädt (1791), Pezzl (1790, 1803 . . . 1824), Gross-Hoffinger (1835—7), Burkhardt, Ramshorn (1845), Heyne (1848) zur Hand.

[3] Literarisches Material dafür bietet Seb. Brunner's: Mysterien der Aufklärung, 1869. Leider gehört dies Werk, sowie das vorangegangene: Die theolog. Dienerschaft . . . (1868) zu jenen Producten, deren leidenschaftliche Tendenz und Formlosigkeit das reine Behagen an dem Stoffe beeinträchtigt.

Alles dreht sich um die Doppelfrage: Wurzelte das bureaucratische System im damaligen Zeitgeiste oder nicht? und mit welchen andern Mitteln sollte Joseph seine Neuerungen durchführen?

Die erste Frage bejaht der Geschichtskundige unbedenklich. Die Zeit Josephs II. offenbart überall das systematisch ausgebildete Beamtenwesen, als vielköpfigen Apparat der Alles bevormundenden Staatsgewalt. Man darf nur nach Preussen unter Friedrich II. hinübersehen.

Die zweite Frage dagegen zeigt sich viel schwieriger behufs einer erschöpfenden Lösung. Diese sei hier versuchsweise gestattet; — nur wollen wir uns hiebei auf Ungarn vorzugsweise beschränken. War es doch, nächst Belgien, der gefährlichste Boden für des Kaisers Reformeifer, — die verhängnissvolle Klippe, an der seine harte Lebensarbeit Schiffbruch litt.

Der Verfasser dieses Büchleins hat an anderer Stelle, in der zweiten Studie nämlich, wo er der Massregeln Josephs in Anschung der deutschen Sprache gedachte, sich selbst in die Reihe ihrer Tadler gestellt. Dieser Tadel galt einerseits der Hast, ja Ueberstürzung in den Forderungen, welche Joseph damit an das Ungarnvolk stellte, anderseits der Mangelhaftigkeit des bureaucratischen Systems.

So gut wie Anderen fällt auch mir diese schwächste Seite des absoluten Staates in's Auge, so gut wie Andere messe auch ich hier mit dem Massstabe unserer Zeit, einer Zeit, die durch kostspielige Erfahrungen zur Erkenntniss der Gebrechen der Bureaucratie gelangte und immer mehr dem entgegengesetzten Systeme sich zuneigt. — Wenn ich ausserdem hervorhob, dass die Völker sich auch zum Besten nicht gerne zwingen lassen, sobald sie nicht „mitrathen und mitthaten" dürfen, — so habe ich eben nur einen gemeingiltigen Erfahrungssatz wiederholt, einer unleugbaren Thatsache Ausdruck gegeben.

Beantworte ich nun die oben aufgeworfene zweite Frage dahin, dass Joseph II. nach den Anschauungen seiner Zeit, gemäss der innersten Ueberzeugung von der Nothwendigkeit seiner Reformen und gegenüber der Sachlage in Ungarn, keinen andern Weg als den der directen, bureaucratischen Massregeln einschlagen konnte, sobald er Willens war rasch und ungehemmt an's Ziel zu gelangen, — so möge man mich keines Widerspruches beschuldigen. Denn ich glaube damit auch nur eine historische Wahrheit ausgesprochen zu haben.

Denn es ist nur ein zweiter Weg denkbar, den der kaiserliche Reformator betreten konnte: die Reformarbeit in Gemeinschaft mit dem Ungarnvolke für dasselbe. Das Volk, die Nation, den populus, bildeten hier wie damals überall die beiden privilegirten Classen, Adel und Geistlichkeit, den Ort ihrer gemeinsamen Reformarbeit mit der Regierung — hätte der Reichs- oder Landtag abgeben müssen.

War es möglich, dass der Herrscher mit diesem „Volke", in der Reichsversammlung, über die Neugestaltung Ungarns in's Reine kam, dass er mit diesen Factoren rechnend, den Umbau des transleithanischen Staates durchführte? Mit diesem Volke, dessen Ausnahmsstellung vor dem Gesetze und den Lasten des Staates er beseitigen wollte, mit dieser Reichsversammlung, die eben wieder nichts Anderes war, als die Vertreterschaft dieses privilegirten Volkes und mit ihrem ständigen Widerstande, gegen jede, auch noch so zeitgemässe, Neuerung, der Mutter Josephs jedes weitere Reichstags-Experiment, seit dem Jahre 1765, verleidet hatte?

Der Geschichtskundige antwortet darauf mit Nein, der Geschichtskundige weiss, dass in den 15 Jahren seit dem dritten und letzten der von ihr einberufenen Landtage, in diesen 15 Jahren, ohne verfassungsmässige Ständeberathung, von Wien aus decretirt wurde und decretirt werden musste, wollte man nicht eben, Angesichts der wachsenden Reformbedürfnisse, die Hände müssig in den Schoos legen; er weiss, dass im Jahre 1790, im Jahre des Sieges der Sonderbestrebungen Ungarns, in den Comitaten die Rede ging, schon die Regierung Maria Theresia's habe verfassungswidrig geendet, — Joseph konnte also keinen andern Weg für das Reformwerk nach seinem Sinne in Ungarn einschlagen, als den der directen Cabinetsmassregeln, den der bureaucratischen Verwaltung, und der Weg, den er einschlug, war der zeitgemässe, derselbe den seine mit Recht gepriesene Mutter, die dem Ungarn unvergessliche Maria Theresia, längst, aber mit Schonung der Verfassungsform, betreten hatte [1]).

Das System in der Durchführung der Reformen Josephs, die vielberufene Beamtenwirthschaft, war somit dem W e s e n und der P r a x i s nach n i c h t s N e u e s. Aber die I n t e n s i t ä t in der Ausführung, die A r t d e r H a n d h a b u n g war bedeutend verschieden. Joseph II. b e - gann mit dem, womit ein raffinirterer Politiker a u f g e h ö r t hätte, mit dem Umsturze der ungarischen Verfassung; er hob sie mit offenem Visier

---

[1]) Diese Selbstverleugnung spricht sich am besten in jener Aeusserung der Kaiserin-Königin aus, welche Arneth (M. Ther. nach dem Erbfolgekriege, S. 524 n. 220) mit Recht dem J. 1751 zuweist: „Mit dem Königreiche Ungarn allein keine Aenderung vorzunehmen, für dienlich erachtet, weilen ausser einem Landtag nach denen Gesetzen des Landes etwas solches zu tentiren nicht rathsam wäre, nicht minder bei Hungarn besondere Umstände, so in Ansehung derer Folgen sehr häcklich sind, in Consideration fallen." Um dieselbe Zeit schrieb der venetianische Gesandte Diedo (Arneth 524 n. 222): La sola Ungheria e essente di qualunque alterazione. Si fecero cadere delle insinuazioni ad alcuni più accreditati soggetti del Regno, ma la risposta loro fù curta: N o s h a b e m u s n o - s t r u m b e n i g n i s s i m u m r e g u l a m e n t u m (!).

aus den Angeln, statt unter der Maske eines gekrönten Königes, eines
Herrschers, der das übliche Inauguraldiplom unterzeichnet — diese Verfassung geräuschlos zu durchlöchern, allgemach zu zerbröckeln. Er war
mehr gewissenhaft als klug, mehr gewaltthätig als scharfblickend, die
Kraft innerster Ueberzeugung liess ihn das Stätigkeitsgesetz organischer
Entwicklungen, das Trägheitsmoment im staatlichen Fortschritt verkennen,
— die eigene schöpferische Kraft überschätzen. Er wollte nicht nur allein
den österreichischen Zukunftsstaat organisiren, er wollte ihn auch verwalten. Dazu reichte er nicht aus.

Ein scharfsinniger Historiker der Gegenwart hat Joseph II. mit
Philipp II. von Spanien verglichen [1]). Er glaubte in der subjectiven Form
staatlicher Thätigkeit Beider eine schlagende Aehnlichkeit zu finden.
Aber der Contrast in der thatsächlichen Wesenheit der josephinischen
Regierung und des spanischen Regimentes unter dem Sohne Carls V. ist
zu gross, als dass er nicht jene Analogie gründlich in Schatten stellen
würde, er ist ebenso gross wie der Gegensatz der Zeiten und Nationalitäten, denen Beide angehörten. Philipp II., der Spanier vom Wirbel
bis zur Zehe und darum, wie Buckle [2]) richtig bemerkt, bei seinem
Volke als nationalgesinnter Herrscher beliebt, dem Auslande in höherem
Grade verhasst, hat den verderblichen Stillstand in der Entwicklung
Spaniens permanent erklärt, er hat den materiellen Verfall des pyre-
näischen Königreiches angebahnt, da ihm jedes Verständniss für den
Werth geistiger und physischer Arbeit abging. — Joseph II., die durchaus deutsche Regentennatur und schon darum im nationalen Gegensatze zu den nichtdeutschen Völkerelementen seines buntgemischten Staates,
musste seinem Reformeifer die nationalen Sympathien zum Opfer bringen.
Aber dafür hat er, wie keiner seiner Vorfahren, den deutschen Staats-
charakter, den deutschen Culturberuf Oesterreichs erkannt und hoch-
gehalten, dafür hat er Oesterreich in einen innern Entwicklungsprocess
gedrängt, dessen Folgen mit denen eines befruchtenden Gewitters verglichen werden dürfen; dafür hat er — bei allen Missgriffen, gerade
der materiellen Wohlfahrt des Staates sein allseits bewegliches Auge
zugewendet und — da er der schöpferischen Arbeit des Kopfes und der
Hände seine aufrichtige Achtung zollte, — auch ein liebevolles Andenken
in jenen Kreisen zurückgelassen, die wir, im Gegensatze zu den sogenannten herrschenden oder privilegirten — die arbeitenden nennen müssen.

---

[1]) O. Lorenz in seiner wichtigen Monographie: Joseph II. und die bel-
gische Revolution. Wien 1862.
[2]) Buckle: Geschichte der Civilisation, übs. v. Ruge, I. 2. A. 1861. Um-
risse des spanischen Geistes v. 5. bis zur Mitte des 19. Jahrh.

Man darf nicht immer die Fluth papierner Verordnungen, den mechanischen Charakter, den beamtenmässigen Schlendrian der josephinischen Epoche vor Augen behalten, man muss auch des Geistes eingedenk sein, der über diesem Wuste stand und die Völker Oesterreichs insgesammt mit sich fortreissen wollte, dahin, was als Besseres, als wahrhaften Fortschritt auch die besonnenen Gegner der gewaltsamen Massregelungen erkannten; — man muss eingedenk bleiben des Mannes, der nicht unbeweglich, unnahbar und undurchdringlich, wie jener Herrscher im Escurial, seine Befehle dictirte, sondern in ewiger Regsamkeit seine Lande durchpilgerte und — dem Niedrigsten zugänglich, überall gerne rasch half, überall nachbesserte, der Stimme der Oeffentlichkeit bereitwillig sein Ohr lieh und jene edle Selbstverleugnung bevorzugter Naturen besass, die es nicht scheut, endlich selbst ihren Irrthum, ihre Selbsttäuschung einzugestehen.

Was der grösste Zeitgenosse unter den gekrönten Häuptern des Continentes Jahrzehende früher ausgesprochen: „Der Fürst weit entfernt davon, der absolute Herr der Völker zu sein, welche seiner Leitung unterworfen sind, ist in Wahrheit nur ihr vorzüglichster Diener" [1]), — diesen idealen Grundsatz hat Joseph II. mit allem Feuer seiner Seele gehegt und in zahlreichen Aussprüchen verewigt und festgehalten, aber eine masslose Vergötterung der Staatsgewalt liess ihn, der in der That im Dienste der Staatsidee aufging, den Völkern gerade in der entgegengesetzten Rolle erscheinen. Sie machte ihn unduldsam, taub gegen die mächtige Stimme des historischen Rechtes, das im echten Sinne nicht das Veraltete, sondern das organisch Werden, das lebendig Fortwirkende bezeichnet und so fiel denn auch die Saat des wirklich Bessern gar oft auf steinigen Boden, zwischen Dornen und Disteln. Denn — wie Filangieri († 1788) so treffend sagt [2]): „Die Gesetzgebung wirkt, wenn sie überzeugt. Die Stimmen der Allgemeinheit sind für die Gesetze nicht unerheblich, ihre Kraft ist unzertrennlich von jener Geneigtheit der Geister, welche einen freien, wohlwollenden und allgemeinen Gehorsam verursacht."

---

[1]) 234. Friedrichs II. Antimachiavel c. 1. Le souverain, bien loin d'être le maître absolu des peuples, qui sont sous sa domination, n'en est lui-même que le premier domestique. Vgl. Oeuvres IX, 6; 1, 123. VI. 215, IX. 197 u. Bluntschli: Gesch. des allg. Staatsrechtes. München 1864 (234—5). Vgl. Josephs II. sog. Hirtenbrief, oder das Rundschreiben an die Staatsbeamten v. 1783, gedr. b. Trattnern in Wien. 45 SS. und die zahlreichen Aeusserungen in seinen Briefen; die gesammelten Charakterzüge, in Geisler's Skizzen aus dem Leben und Charakter Josephs II. 1783—91. 15 Thle. 8° Halle.

[2]) Filangieri Gaetano. g. 1752. † 1788. „La scienza della legislazione." Neapel 1780. deutsch übs. 1784, 1788. 1. Buch. 6. Cap. Bluntschli a. a. O. S. 291.

Inhalts-Verzeichniss.

Vierte Studie: Ungarisches Kirchenwesen in den Tagen Maria Theresia's und Josephs II. S. 71—119.

1. Kirchliches Leben in den Jahren 1740—1773, mit besonderer Rücksicht auf den Protestantismus und die griechisch-unirte Kirche
S. 71—90.

2. Kirchliche Zustände seit der Aufhebung des Jesuitenordens (1773)
bis zur Regierung K. Joseph II. (1780), mit theilweiser Rücksicht auf
das Schulwesen S. 90—107.

3. Die kirchlichen Neuerungen Josephs II. — Der Episcopat und
Protestantismus Ungarns in seinen Tagen (1780—1790) S. 107—119.

V. Schlusswort.

Berichtigungen.

S. 2, n. 1 st. austriavae — austriacae. S. 15, Z. 18 v. u. st. namentlich — namentlich. S. 56, Z. 20 v. o. st. bis aur — bis auf. S. 64, Z. 17 v. o. st. weiter blickende — weiter blickender. S. 70, n. 3 st. Horazionische — Horazianische. S. 75, Z. 12 v. o. st. Bimó — Biró. S. 92, Z. 10 v. u. st. Städteconföderation — Ständeconföderation. S. 95, Z. 9 v. o. st. Jesuitorum — Jesuitarum.